Vanessa Schmitt

DEINE TASCHE

selbst genäht

Inhalt

Laptoptasche **ALPHA**

Fransentasche **BRAVO**

Schleifchentasche **CHARLY**

Messengerbag **DELTA**

Ledertasche **ECHO**

Hobo-Bag **ZULU**

Rucksackbeutel **JULIET**

Shopper **INDIA**

SCHWIERIGKEITSGRADE

👜 = einfach

👜👜 = etwas kniffliger

👜👜👜 = anspruchsvoll

Willkommen in der Welt der selbstgenähten Taschen!

Liebt und braucht sie nicht ein jeder? Die kleine, die geräumige, die eckige, die gerundete, die zum Schultern, zum Querhängen, zum in der Hand tragen oder einfach eine Tasche zum Verlieben?

Meine große Liebe zum Taschennähen entdeckte ich, als ich eine Wickeltasche brauchte. Gerne wollte ich mit einer Tasche losziehen, die genau auf meine Bedürfnisse zugeschnitten ist – und das im wahrsten Sinne des Wortes!

Von da an war meine Leidenschaft entfacht. In allen Varianten nähte ich Taschen. Für mich, meine Freundinnen und auch für Kunden, ganz individuell, so wie jeder es wünschte.

Mit diesem Buch möchte ich allen nähbegeisterten Taschen-Fans die Möglichkeit geben, Taschen für verschiedene Bedürfnisse und Anlässe zu nähen. Sowohl für Neulinge, als auch für erfahrene NäherInnen sind Anregungen und Modelle dabei.

Der Clou ist hier, dass alle 15 Taschen dieses Buchs auf zwei Grundformaten basieren. Durch Zerschneiden der Grundschnitte, Abrunden der Ecken, das Einfügen von zusätzlichen Seiten- und Bodenteilen, Klappen, Paspeln, Außentaschen usw. entstehen die unterschiedlichsten Modelle! Allesamt alltagstaugliche Taschen, die bei individueller Stoffauswahl zu einzigartigen, wunderschönen Unikaten werden.

Ich heiße Sie herzlich willkommen im Club der Taschennäh-Fans und wünsche Ihnen ganz viel Freude bei der Kreation Ihrer neuen Lieblingstasche!

Ihre

MATERIAL & GUT ZU WISSEN!

ZUBEHÖR

Folgende Dinge werden generell benötigt und sind in den Anleitungen nicht noch einmal gesondert aufgeführt:

- Nähmaschine & Zubehör
- Teflonfuß oder Rollenfuß für Leder
- Passendes Nähgarn
- Schnittmusterpapier & Stift
- Schneiderkreide/ selbstlöschender Markierstift
- Stoffschere/ Zwickschere/ Rollschneider mit Schneidematte & Lineal

- Stoffklammern/ große Büroklammern
- Stecknadeln und Nähnadel
- Doppelseitiges Klebeband, 6 mm breit oder spezielles Lederklebeband
- Bügeleisen & Bügeltuch
- Handmaß/ Maßband
- Revolver-Lochzange
- Nietenzange

GUT ZU WISSEN!

Bevor Sie mit dem Nähen beginnen, lesen Sie zunächst die **gesamte Anleitung** zum ausgewählten Modell durch. So bekommen Sie einen Überblick und können sicherstellen, dass alle benötigten Materialien und Zutaten vorhanden sind.

Nahtzugaben sind in den Vorlagen und Zuschnitt-maßen bereits enthalten. Falls nicht anders angegeben, sind sie 1 cm breit.

Schnittteile anfertigen

Die Vorlagen vom Bogen kopieren oder auf Transparentpapier pausen, dabei alle Markierungen für das gewählte Modell beachten und übertragen. Schnittteile entlang der Außenkontur ausschneiden.

Zuschneiden

Schnittteile können bei Kunstleder nicht gut mit Stecknadeln aufgesteckt werden, da diese dauerhafte Löcher hinterlassen. Daher die Schnittteile auf die linke Seite legen und die Kanten rundum, in nicht zu weiten Abständen mit kleinen Stücken transparentem Klebestreifen oder kleinen Gewichten fixieren. Schnittteilkonturen mit Bleistift oder Schneiderkreide aufzeichnen.
Schnittmarkierungen mit Hilfe von farbigem Schneider-Kopierpapier und einem <u>stumpfen</u> Bleistift auf die linke Stoffseite übertragen. Auf der rechten Stoffseite lassen sich mit selbstklebenden Papier-Punkten (Bürobedarf) oder Klebestreifen Markierungen anbringen.
Schnittteile mit dem Rollmesser ausschneiden. Kunstleder franst nicht und muss deshalb nicht versäubert werden.

Nähfuß

Der normale Metallnähfuß bleibt gerne am Kunstleder (Leder) „kleben" und die Lagen verschieben sich beim Nähen gegeneinander. Abhilfe kann ein Teflonfuß, ein Rollenfuß für Lederarbeiten oder eine spezielle Transportplatte mit kleinen Transportzähnchen schaffen.

Einen normalen Nähfuß können Sie umfunktionieren, indem Sie Washi Tape oder Malerkreppband auf die Gleitsohle kleben.
Falls keines dieser Zubehörteile zur Hand ist, kann die Oberseite an der Nählinie mit einem Streifen Seiden-/Backpapier abgedeckt werden. Nach dem Nähen das Papier vorsichtig wegreißen. Oder man führt das Handmaß (zwischen Stoff und Füßchen) neben der Naht mit.

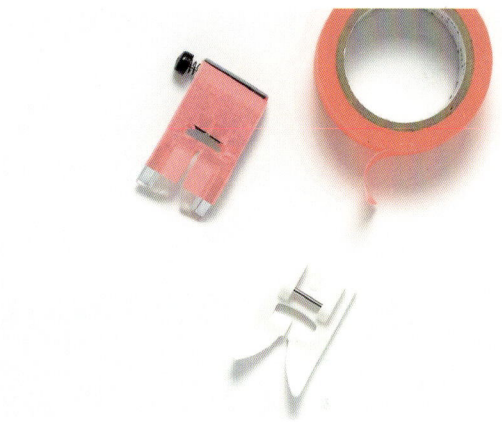

Nähen

Dünnes Kunstleder (Leder) lässt sich mit einer normalen Nähnadel Stärke 80–90 nähen. Für dickeres Kunstleder (Leder) gibt es spezielle Ledernadeln. Achtung! Ziersteppnähte besser nicht auftrennen – die Einstichlöcher bleiben sichtbar.
Als eine Art „Heftfaden" kann ein Klebestick dienen. Er hinterlässt keine Rückstände auf der Nähmaschinennadel, wenn anschließend noch einmal über die Nahtzugabe genäht wird.

Bügeln

Die Kunstleder-Oberseite sollte <u>keinesfalls</u> in direkten Kontakt mit der Bügelsohle kommen. Daher immer ein Bügeltuch oder Backpapier auflegen, wenn von der rechten Seite aus gebügelt wird!
Falls sich die Nahtzugabe nicht flach bügeln lässt, kann diese auch mit Lederklebeband flach geklebt werden.

Alpha

DIESE SCHULTERTASCHE FÜR SCHULE, UNI ODER ARBEIT IST
EIN ECHTES ALPHA-TIER! HIER GEHT VIEL REIN, AUCH DAS NOTEBOOK!
PRAKTISCH MIT ZUSÄTZLICHEN AUSSEN- UND INNENTASCHEN. DIE QUIRLIGE
QUASTE KANN AUCH ALS SCHLÜSSELANHÄNGER VERWENDET WERDEN.

LAPTOPTASCHE

Größe: 43 x 35 x 9 cm • Vorlagen 1 und 2 auf Bogen A • **Schwierigkeitsgrad:** 🔒🔒🔒

MATERIAL

- Kunstleder in Lila, 140 x 90 cm
- Baumwollstoff in Pink, 140 x 90 cm
- Nylon-Reißverschluss-Meterware in Schwarz
  mit silber-metallisierten Zähnchen, 50 cm lang
- Druckknöpfe, silberfarben, 10 mm Ø, 2 Stück
- Metall-D-Ringe, silberfarben, 4 cm breit, 2 Stück
- Metall-Karabinerhaken, silberfarben, 3 cm breit,
  2 Stück
- Metall-Gliederkette, silberfarben, ca. 25 cm
- Bändchen, z.B. Geschenkband in Pink, 30 cm
- optional Textilspray in Pink

ZUSCHNEIDEN

In den Zuschnittmaßen und den Vorlagen
ist eine Nahtzugabe von 1 cm enthalten.

Kunstleder in Lila:
- Vorder- & Rückteil **1**: 2x
- Seiten-/Bodenstreifen: 1x 110 x 11 cm
- Reißverschluss-Belege: 2x 43 x 5,5 cm
- Reißverschluss-Endeinfassung: 10 x 6 cm
- Außen-/Innentasche **2**: 2x
- Träger: 2x 75 x 5 cm
- Schultergurt: 1x 105–120
  (je nach Personengröße) x 5 cm
- D-Ring-Halterungen: 2x 12 x 4 cm
- Quaste: 28 x 13 cm

Baumwollstoff in Pink:
- Vorder- & Rückteil **1**: 2x
- Seiten-/Bodenstreifen: 1x 110 x 11 cm
- Reißverschluss-Belege: 2x 43 x 5,5 cm
- Träger: 2x 75 x 5 cm
- Schultergurt: 1x 105–120 x 5 cm
- Außen-/Innentasche **2**: 4x
- D-Ring-Halterungen: 2x 12 x 8 cm

WER BEIM NÄHEN NOCH NICHT SEHR
ERFAHREN IST, SOLLTE ZU EINEM WEICHEN
– JEDOCH NICHT ELASTISCHEN – KUNSTLEDER
GREIFEN, DA SICH FESTES KUNSTLEDER
UNTER DER NÄHMASCHINE SPERRIG VERHÄLT!

SO WIRD'S GEMACHT

1 Aufgesetzte Außentaschen: Die Abnäher-Keile auf die Außenseite einer kleinen Tasche aus Baumwollstoff übertragen. Eine kleine Tasche aus Kunstleder- und die kleine Tasche aus Baumwollstoff rechts auf rechts aufeinanderlegen, stecken und ringsum zusammennähen, dabei an einer Seite eine Wendeöffnung von ca. 6 cm lassen. **1**

2 Wenden, Nahtzugaben der Wendeöffnung nach links einschlagen und die Kanten deckungsgleich legen (optional mit doppelseitigem Klebestreifen aufeinanderkleben). Öffnung knappkantig zusteppen. **2**

3 Den Abnäher-Keil von der Außenseite nach innen drücken, so dass die linke und rechte Keilkante aufeinanderliegen. Feststecken und entlang der Linie nähen. **3**

4 Die obere Taschenkante mittig auf einer Breite von 1 cm nach innen zusammenfalten und mit einer Stoffklammer zusammenstecken. So bekommt die Tasche eine Tiefe und liegt nach Entfernen der Klammer nicht platt auf. **4**

5 Die Außentaschen laut Schnittmarkierung auf die Vorderseite stecken und knappkantig feststeppen – am besten mit einem Schmalkantfuß. Stoffklammern entfernen. Druckknopfoberteile laut Schnitt an den Außentaschen, Unterteile am Vorderteil einsetzen. Um mit der Druckzange an die gewünschte Stelle zu gelangen, das Vorderteil umknicken. **5**

6 Reißverschluss-Teil: Zuerst einen Kunstleder-Beleg mit der rechten Seite auf die Reißverschluss-Oberseite stecken. Das Reißverschlussende steht an einer kurzen Kante des Belegstreifens 7 cm über. Den Reißverschlussanfang 3 cm weit, schräg zur Belegschnittkante hin, umlegen und feststecken. Reißverschluss fußbreit neben den Zähnchen festnähen, dabei die letzten 3 cm des Reißverschlusses nicht festnähen. Den zweiten Kunstleder-Beleg genauso an das zweite Reißversschluss-Band nähen. **6**

7 Einen Baumwoll-Beleg mit der rechten Seite auf der Reißverschluss-Unterseite an ein Reißverschluss-Band stecken, sodass die Schnittkanten des Kunstleder- und des Baumwollstoff-Belegs deckungsgleich liegen. Baumwollstoff-Beleg in der Naht des Kunstleder-Belegs festnähen. Den zweiten Baumwollstoff-Beleg genauso an das zweite Reißverschluss-Band nähen. Nun die kurzen offenen Kanten der Belege, sowie die Kanten an den offen gelassenen Stücken des Reißverschlussanfangs nach innen einschlagen, stecken und knappkantig zusammensteppen. An den langen Reißverschlusskanten die Belegstreifen jeweils sauber vom Reißverschluss wegstreichen, mit Stoffklammern fixieren und die Naht von rechts knappkantig absteppen. **7**

8 Das Reißverschlussende erhält einen schönen Abschluss. Dafür am Kunstlederstück zuerst die langen Kanten und dann eine kurze Kante 1 cm weit nach links umschlagen; die langen Kanten knappkantig absteppen. Den Streifen mit der offenen kurzen Kante rechts auf rechts an das Reißverschlussende nähen. **8**

9 Den Streifen zur Hälfte um das Reißverschlussende klappen, sodass die Streifenkanten deckungsgleich liegen. Die kurzen Kanten zusammen- bzw. absteppen. Da die Lederlagen hier sehr dick sind, kann es helfen, das Handrad für den Einstich der Nadel zu bedienen und eventuell zuerst nur die untere Kante, dann – etwas versetzt – die oberen Kante festnähen. **9**

10 Taschenträger: Je ein Kunstleder- und ein Baumwollstreifen rechts auf rechts legen und an einer langen Kante zusammennähen. Die offene lange Kante des Baumwollstreifens 1 cm breit nach links umbügeln. Den Baumwollstreifen links auf links auf den Lederstreifen klappen, die Naht mit den Fingern flach streichen und die Kante mit Stoffklammern fixieren. Die offene lange Kante des Lederstreifens 1 cm breit nach links einschlagen, deckungsgleich mit der umgebügelten Kante des Baumwollstreifens legen und mit Klammern fixieren. Die langen Kanten knappkantig zusammen- bzw. absteppen. **10**

11 Das fertige Reißverschluss-Teil rechts auf rechts, mittig ausgerichtet an den oberen Rand des Kunstleder-Vorderteils legen und fixieren. Einen Träger zwischen die Lagen schieben – Abstand zu den Seiten je 10,5 cm, Trägerenden stehen 1 cm über die Vorderteil-Schnittkante hinaus – und die Lagen zusammensteppen. **11**

12 Das Kunstleder-Rückteil genauso an das Reißverschluss-Teil nähen. **12**

13 Taschenfutter: Für die Innentasche zwei kleine Taschen aus Baumwollstoff rechts auf rechts übereinanderlegen, stecken und ringsum zusammennähen, dabei an einer seitlichen Kante eine Wendeöffnung von ca. 6 cm lassen. Wenden, Nahtzugaben an der Wendeöffnung nach links einschlagen. Tasche laut Schnittmarkierung auf das Baumwollstoff-Rückteil stecken und knappkantig feststeppen, dabei wird gleichzeitig die Wendeöffnung geschlossen. **13**

14 Die Baumwollstoff-Vorder- & Rückteile jeweils rechts auf rechts an den oberen Rand der Kunstlederteile + Reißverschluss-Teil nähen. **14**

15 Futterteile links auf links auf die Außenteile wenden, darauf achten, dass der Futterstoff glatt liegt. Um die Träger zusätzlich zu sichern und den Außenstoff mit dem Futter zu verbinden, die Naht am Beleg von rechts mit großer Stichlänge absteppen. (!) Die offenen drei Zentimeter-Außenkanten auf der rechten und linken Seite bleiben frei, siehe Foto. **15**

16 Für eine D-Ring-Halterung den Baumwollstreifen mit einer langen Kante rechts auf rechts an einer langen Kante auf den Kunstlederstreifen legen und festnähen. Dann die andere lange Kante des Baumwollstreifens an die andere lange Kante des Kunstlederstreifens legen – dabei liegt der Baumwollstreifen nicht glatt auf sondern hat Mehrweite – und festnähen. Streifen links auf links wenden und so flach legen, dass an den langen Kanten der Baumwollstoff in Nahtzugabenbreite auf dem Kunstleder zu sehen ist. Die langen Streifenkanten knappkantig absteppen. Streifen zur Hälfte legen, einen D-Ring bis zur Bruchkante einschieben und die offenen Kanten heften. **16**

17 Die Seiten-/Bodenstreifen aus Baumwolle und Kunstleder rechts auf rechts aufeinanderlegen. Die fertigen D-Ring-Halterungen an den kurzen Kanten zwischen die Lagen schieben, sodass 0,5–1 cm der D-Ring-Halterungen über die Kanten ragen. **17**

18 Die Seiten-/Bodenstreifen an den kurzen Kanten zum Ring zusammennähen. **18**

19 Das Taschenteil so auffalten, dass auf einer Seite die Kunstlederteile und auf der anderen Seite die Baumwollstoffteile liegen. Den Seiten-/Boden-streifenring rechts auf rechts zwischen die Vorder- & Rückseite des entsprechenden Taschenteils stecken – Kunstlederstreifen auf die Kunstleder-Vorder- & Rück-seite und Baumwollstreifen auf die Baumwoll-Futter-teile – und einnähen. Im Futter seitlich eine 15 cm große Wendeöffnung lassen. **19**

20 Tasche wenden, Nahtzugaben an der Wende-öffnung nach links einschlagen, die Kanten deckungsgleich legen und knappkantig zusammen-steppen.

21 Das Futter in die Außentasche schieben und alle Kanten schön ausformen. **21**

22 Die oberen Kanten der Seiten-/ Boden-streifen knappkantig absteppen. Dies ist aufgrund der Taschengröße etwas kniffelig, aber empfehlenswert, da so die D-Ring-Halterungen noch einmal zusätzlich gesichert werden.

23 Schultergurt wie die D-Ring-Halterungen nähen, optional in der Längsmitte mit einem Zickzack- oder Zierstich absteppen. An den Gurtenden je einen Karabiner einlegen, Gurtenden 1x 2 cm und 1x 4 cm breit einschlagen und mit einem Quadrat fest-steppen. Gurt an die Tasche klippen.

24 Die Rückseite des Quasten-Rechtecks mit dem Textilspray besprühen. Trocknen lassen, dann eine Quaste fertigen (→ Seite 64) und an einen Träger hängen. **24A** + **24B**

SEHR FESTES KUNSTLEDER VOR DEM NÄHEN GUT DURCHKNETEN – SO WIRD ES GESCHMEIDIGER UND BEKOMMT EINEN NATÜRLICHEREN LEDERLOOK.

18

24A

24B

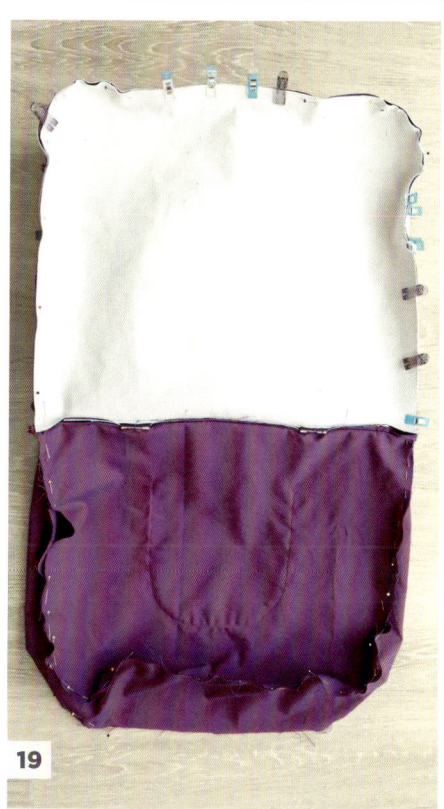

19

21

FÜR JEDEN ANLASS DIE RICHTIGE WAHL: DIE KOKETTE FRANSENTASCHE EIGNET SICH PRIMA FÜRS SHOPPING IN DER CITY UND ZUM TREFFEN MIT DEN MÄDELS AM ABEND! SIE IST SCHNELL GENÄHT UND ZIEHT MIT DEN FRANSEN DIE BLICKE AUF SICH!

FRANSENTASCHE

Größe: 28 x 39,5 x 7 cm • Vorlage 1 auf Bogen A • **Schwierigkeitsgrad:** 🔒🔒

MATERIAL

- Kunstleder in Schwarz, 100 x 40 cm
- Baumwollstoff in Weiß-Bunt gemustert, 80 x 50 cm
- Fransenborte in Schwarz, 5 cm breit, 1 m
- Nylon-Reißverschluss-Meterware in Schwarz mit silber-metallisierten Zähnchen, 40 cm
- passender Reißverschluss-Schieber
- Metall-D-Ringe, silberfarben, 2,5 cm breit, 2 Stück
- Schultergurt in Schwarz mit Karabinerhaken

ZUSCHNEIDEN

In den Zuschnittmaßen und der Vorlage ist eine Nahtzugabe von 1 cm enthalten.

Kunstleder in Schwarz:
- Vorder- & Rückteil **1**: 2x
- D-Ring-Halterungen: 2x 5 x 6 cm

Baumwollstoff in Weiß-Bunt gemustert:
- Vorder- & Rückteil **1**: 2x

DIE HIER VERWENDETE FRANSENBORTE IST 5 CM BREIT. EINE ATTRAKTIVE VARIANTE WÄREN FRANSEN, DIE DOPPELT ODER DREIFACH SO LANG SIND UND SICH SOMIT ÜBERLAPPEN WÜRDEN.

SO WIRD'S GEMACHT

1 Die Fransenborte in 4 Stücke à 37 cm schneiden. Für die Vorderseite die Stücke auf ein Vorder- & Rückteil 4 cm von der Oberkante entfernt, mit je 5 cm Abstand zueinander feststecken und jeweils an der oberen Kante knappkantig – am besten mit einem Schmalkantfuß – aufsteppen. **1**

2 Den Schieber auf den Reißverschluss ziehen. Dafür den Reißverschluss zuerst an einer Seite ca. 5 cm weit öffnen. Am Anfang einer geöffneten Bandhälfte die Reißverschlusszähnchen (nicht das Band!) ca. 1 cm weit abschneiden. Beide Reißverschlusshälften mit den Bandenden so aneinanderhalten, dass der Stoff zu beiden Seiten auf gleicher Höhe beginnt. Den Schieber mit der breiten Seite zuerst so weit auf das vollständige Band schieben, bis die Zähnchen der abgeschnittenen Bandseite ungefähr bündig mit der breitesten Stelle des Schiebers liegen. Dann die Zähnchen soweit es geht in den Schieber drücken, die Bandenden unterhalb des Schiebers festhalten und den Schieber weiter bis etwa zur Mitte auf den Reißverschluss ziehen. Eventuell sind die beiden Zahnreihen nicht mehr gleich lang. Mit einer Schere auf eine Länge bringen. Den Reißverschluss auf 37 cm kürzen. **2**

3 Reißverschluss rechts auf rechts an die obere Kante der Vorderseite legen und knappkantig feststeppen. Das zweite Kunstleder-Rechteck genauso an die zweite Seite des Reißverschlusses nähen. Tipp: Ist man mit dem Nähfuß auf Höhe des Schiebers angelangt, die Nadel im Stoff versenken, den Nähfuß anheben, den Stoff um 90° nach links drehen, dann lässt sich der Schieber ganz einfach ein Stück weiterziehen. Den Stoff dann wieder zurückdrehen und weiternähen. **3**

4 Für das Taschenfutter die Baumwoll-Rechtecke mit der rechten Seite an die untere Seite des Reißverschlusses stecken und in der Oberstoffnaht feststeppen. Futterteile links auf links auf die Außenteile wenden, darauf achten, dass der Futterstoff glatt liegt. **4**

5 Die Reißverschlussnähte auf dem Kunstleder füßchenbreit absteppen. **5**

6 Für die D-Ring-Halterungen an den Streifen die langen Kanten je 1 cm breit nach links einschlagen, dann den Streifen zur Hälfte falten und die Kanten fixieren. Die langen Kanten 3 mm breit zusammen- bzw. absteppen. Streifen zur Hälfte legen, einen D-Ring bis zur Bruchkante einschieben und die offenen Kanten heften. **6**

7 Das Taschenteil so auffalten, dass auf einer Seite die Kunstlederteile und auf der anderen Seite die Baumwollstoffteile deckungsgleich liegen. Den Reißverschluss auf die Seite des Futters drücken und halb öffnen.

8 Die fertigen D-Ring-Halterungen an den Seiten im Abstand von 2 cm zum Reißverschluss zwischen die Lagen schieben, sodass die offenen Kanten der D-Ring-Halterungen 0,5 cm über die seitlichen Taschenkanten hinaus ragen. **8**

9 Außenkanten zusammennähen, im Futter eine ca. 15 cm große Wendeöffnung lassen.

10 Für die Bodentiefe an einer Ecke die Bodennaht rechts auf rechts auf die Seitennaht legen, sodass sich eine Spitze bildet. Ein 7 cm breites Dreieck quer auf die Spitze zeichnen (die 3,5 cm Marke liegt an der Naht) und absteppen. Spitze bis 1 cm vor die Naht abschneiden. Restliche Ecken genauso abnähen. **10**

11 Tasche wenden. Nahtzugaben an der Wendeöffnung nach links einschlagen, die Kanten deckungsgleich legen und knappkantig zusammensteppen. **11**

12 Futter in die Tasche stülpen. Die Ecken schön ausformen.

13 Schultergurt einhängen.

1

2

3

4

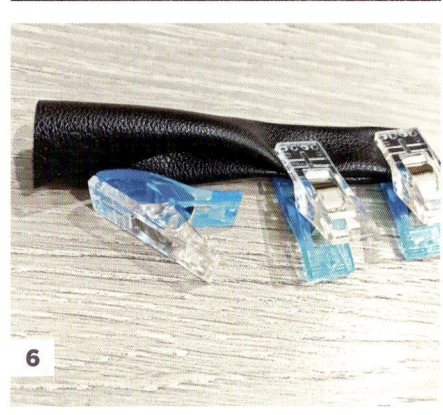

5

6

8

10

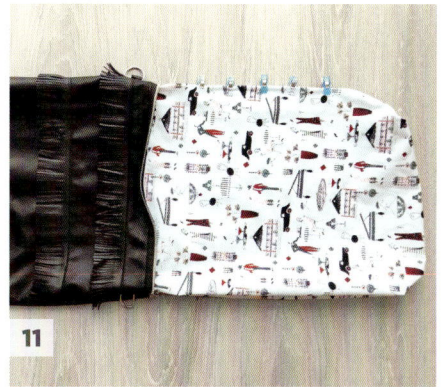

11

Charly

SUPER EINFACH ZU NÄHEN UND SUPER SÜSS IN KOMBINATION VON SAMTIGER SCHLEIFE UND ENGLISCHEM KARO-WOLLSTOFF. ALLES, WAS ZUM FLANIEREN NÖTIG IST, PASST IN DIESE TASCHE. READY TO GO, CHARLY!

SCHLEIFCHENTASCHE

Größe: 35 x 40,5 x 7 cm • **Vorlage 1 auf Bogen A** • **Schwierigkeitsgrad:** 🔒🔒

MATERIAL

- Wollstoff in Schwarz-Weiß kariert, 80 x 50 cm
- Kunstwildleder in Schwarz, 105 x 40 cm
- Nickistoff in Schwarz, 55 x 25 cm
- Nylon-Reißverschluss-Meterware in Schwarz mit silber-metallisierten Zähnchen, 40 cm
- passender Reißverschluss-Schieber
- Taschengurtband in Schwarz, 4 cm breit, ca. 100–120 cm

ZUSCHNEIDEN

In den Zuschnittmaßen ist eine Nahtzugabe von 1 cm enthalten.

Wollstoff in Schwarz-Weiß kariert:
- Vorder- & Rückteil 1: 2x zuschneiden, dann laut Schnittmarkierung durchschneiden

Kunstwildleder in Schwarz:
- Vorder- & Rückteil: 2x 37 x 47 cm

Nickistoff in Schwarz:
- Streifen: 2x 37 x 6 cm
- Schleife: 12 x 20 cm

SO WIRD'S GEMACHT

1 Für die Vorderseite und die Rückseite je einen Nickistreifen rechts auf rechts zwischen das kurze und das lange Stück Wollstoff nähen. Nahtzugaben mit Zickzack- oder Overlockstichen versäubern. **1**

2 Für die Schleife das Nicki-Rechteck der Länge nach rechts auf rechts falten und die offenen Kanten zusammennähen, dabei eine 3 cm große Wendeöffnung lassen. **2**

3 Rechteck wenden. Nahtzugaben an der Wendeöffnung nach links einschlagen, die Kanten deckungsgleich legen und knappkantig zusammensteppen. **3**

4 Zum Formen der Schleife an den langen Seiten des Rechtecks mittig mit Zeigefinger und Daumen den Stoff zusammenschieben, sodass in der Mitte eine breite Falte entsteht. Die Falte mit Stoffklammern fixieren und mit einigen Nähstichen von Hand zusammenfassen. **4**

5 Die Schleife, 12 cm vom rechten Rand entfernt, ebenfalls von Hand an den Nickistreifen des Vorderteils nähen. **5**

6 Den Schieber auf den Reißverschluss ziehen. Dafür den Reißverschluss zuerst an einer Seite ca. 5 cm weit öffnen. Am Anfang einer geöffneten Bandhälfte die Reißverschlusszähnchen (nicht das Band!) ca. 1 cm weit abschneiden. Beide Reißverschlusshälften mit den Bandenden so aneinanderhalten, dass der Stoff zu beiden Seiten auf gleicher Höhe beginnt. Den Schieber mit der breiten Seite zuerst so weit auf das vollständige Band schieben, bis die Zähnchen der abgeschnittenen Bandseite ungefähr bündig mit der breitesten Stelle des Schiebers liegen. Dann die Zähnchen soweit es geht in den Schieber drücken, die Bandenden unterhalb des Schiebers festhalten und den Schieber weiter bis etwa zur Mitte auf den Reißverschluss ziehen. Eventuell sind die beiden Zahnreihen nicht mehr gleich lang. Mit einer Schere auf eine Länge bringen. Den Reißverschluss bei 37 cm Länge abschneiden. **6**

7 Den Reißverschluss rechts auf rechts an die obere Kante des Wollstoff-Vorderteils legen und knappkantig feststeppen. Wollstoff-Rückteil genauso an die zweite Seite des Reißverschlusses nähen. Tipp: Ist man mit dem Nähfuß auf Höhe des Schiebers angelangt, die Nadel im Stoff versenken, den Nähfuß anheben, den Stoff um 90° nach links drehen, dann lässt sich der Schieber ganz einfach ein Stück weiterziehen. Den Stoff dann wieder zurückdrehen und weiternähen. **7**

8 Für das Taschenfutter die Kunstleder-Rechtecke mit der rechten Seite an die untere Seite des Reißverschlusses stecken und in der Oberstoffnaht feststeppen. (Im Foto ist auf der rechten Seite der Futterstoff angehoben) **8**

9 Futterteile links auf links auf die Außenteile wenden, darauf achten, dass der Futterstoff glatt liegt. Reißverschlussnähte auf dem Wollstoff knappkantig – am besten mit einem Schmalkantfuß – absteppen. **9**

DIESES MODELL HAT KEINE INNENTASCHE. ANLEITUNGEN FÜR EINE AUFGESETZTE INNENTASCHE BZW. EINE REISSVERSCHLUSS-INNENTASCHE GIBT ES BEI LAPTOPTASCHE ALPHA ODER SPORTTASCHE YANKEE. DIE TASCHENMAßE GEGEBENENFALLS ANPASSEN.

10 Das Taschenteil so auffalten, dass auf einer Seite die Wollstoff-Außenteile und auf der anderen Seite die Kunstleder-Futterteile deckungsgleich liegen. Den Reißverschluss auf die Seite des Futters drücken und halb öffnen. Die Außenkanten rundum zusammennähen, dabei im Futter eine ca. 20 cm große Wendeöffnung lassen. Die Wollstoff-Außenkanten – bis auf die an der Wendeöffnung – mit Zickzack- oder Overlockstichen versäubern. **10**

11 Für die Bodentiefe zunächst an einer Ecke die Bodennaht rechts auf rechts auf die Seitennaht legen, sodass sich eine Spitze bildet. Ein 7 cm breites Dreieck quer auf die Spitze zeichnen (die 3,5 cm Marke liegt an der Naht) und absteppen. Die Spitze bis 1 cm vor die Naht abschneiden. **11**

12 Die restlichen drei Ecken genauso abnähen. **12**

13 Tasche wenden. Nahtzugaben an der Wende-öffnung nach links einschlagen, die Kanten deckungsgleich legen und knappkantig zusammen-steppen. **13**

14 Für den tiefer gelegten Reißverschluss, den Reißverschluss schließen und 7 cm ins Innere der Tasche nach unten schieben. Darauf achten, dass der Abstand von Oberkante zum Reißverschluss rundum gleichmäßig breit ist. Bruchkante mit Stoff-klammern fixieren. **14**

15 Am Gurtband die kurzen Kanten 1 cm breit umschlagen und die Bandenden mittig über den Seitennähten von innen an der Oberkante auf die Tasche stecken. Tasche probehalber umhängen und die Gurtbandlänge gegebenenfalls korrigieren. **15**

16 Oberkante rundum absteppen, dabei auch das Gurtband mitfassen. **16**

17 Von Hand das Gurtband am Einschlag an die innere Stoffschicht des Außenstoffs nähen. **17**

Detta

DIES IST EINE TASCHE MIT WOW-EFFEKT! DAFÜR SORGT ZUM EINEN DAS SILBERNE EFFEKT-SNAPPAP, ZUM ANDEREN DER GERÄUMIGE STAURAUM, DER VIEL PLATZ FÜR ALLES WICHTIGE BIETET!

MESSENGERBAG

Größe: 43 x 35 x 9 cm • Vorlagen 1 und 4 auf Bogen A, 5 auf Bogen B • Schwierigkeitsgrad: 🔒🔒🔒

MATERIAL

- SnapPap Effect, silberfarben, 150 x 50 cm
- Futtertaft in Silbergrau, 150 x 50 cm
- Buchschrauben, silberfarben, Schafthöhe 5 mm, 10 mm Ø, 2 Stück
- Drehverschluss für Taschen, silberfarben, 3,5 x 2 cm, 2 Stück
- Karabinerhaken, silberfarben, 2,5 x 4,5 cm, 2 Stück

ZUSCHNEIDEN

In den Zuschnittmaßen und den Vorlagen ist eine Nahtzugabe von 1 cm enthalten.

SnapPap Effect, silberfarben:
- Vorder- & Rückteil **1**: 2x
- Seite: 2x 11 x 37 cm
- Boden: 1x 45 x 11 cm
- Seitentasche **4**: 2x
- Klappe **5**: 2x
- D-Ring-Halterungen: 2x 4 x 8 cm
- Griff: 1x 40 x 5 cm
- Schultergurt: 1x 104 x 4 cm

Futtertaft in Silbergrau:
- Vorder- & Rückteil **1**: 2x
- Seite: 2x 11 x 37 cm
- Boden: 1x 45 x 11 cm
- Seitentasche **4**: 2x
- Klappe **5**: 2x

SO WIRD'S GEMACHT

1 Seitentaschen: An einer Futtertasche die Kanten a rechts auf rechts zusammennähen. **1A** Nahtzugaben zu einer Seite bügeln. Das Teil so auseinanderziehen, dass die Kante b rechts auf rechts auf der Kante c liegt, Kanten stecken und nähen. **1B** Nahtzugaben nach unten bügeln, dann für die Außenecke den Nahtbruch rechtwinklig einbügeln. Die Brüche der unteren Kanten jeweils links auf links einbügeln. **1C**

2 Die Außentasche aus SnapPap genauso nähen und bügeln.

3 Außentasche und Futtertasche rechts auf rechts aufeinanderlegen und die oberen Kanten zusammennähen. Taschen links auf links wenden und ineinanderstülpen. Den oberen Rand von rechts knappkantig absteppen.

4 Die Nahtzugabe der offenen Kanten genau auf der NAHTLINIE zusammenheften. Nahtzugaben laut Schnittmarkierung bis knapp vor die Haftnaht quer einschneiden. Seitentasche am unteren Rand so auf ein Seitenteil legen, dass die Nahtzugaben an den Seiten und am unteren Rand glatt aufliegen. Seitentasche feststecken und die Lagen an den Nahtzugaben zusammenheften. **4**

5 Für die D-Ring-Halterungen an den Streifen die langen Kanten je 1 cm breit nach links einschlagen und offenkantig aneinanderstoßen lassen. Kanten mit großen Zickzackstichen übernähen. Streifen zur Hälfte legen, einen D-Ring bis zur Bruchkante einschieben und die offenen Kanten heften. **5**

6 D-Ring-Halterungen jeweils links auf rechts am oberen Rand mittig auf die Seitenstreifen legen und anheften. **6**

7 Die Seitenstreifen jeweils rechts auf rechts an die Seiten des Vorderteils stecken und annähen, dabei am unteren Rand die Naht am Eckpunkt (= 1 cm vor der Schnittkante) beenden und mit Rückstichen sichern. **7**

8 Bodenstreifen – von Eckpunkt zu Eckpunkt – rechts auf rechts an den unteren Rand der Vorderseite nähen. **8**

9 Die Rückseite in gleicher Weise einnähen. **9**

10 Futter wie die Außenseite nähen, dabei an einer Bodennaht eine ca. 25 cm große Wendeöffnung lassen.

11 Futter- und Außenstoffklappe rechts auf rechts legen und – bis auf den oberen Rand – zusammennähen. **11**

12 Klappe wenden. Kanten schön ausformen und knappkantig – am besten mit einem Schmalkantfuß – absteppen.

13 Laut Schnittmarkierung die Öffnungen für die Drehverschlüsse anzeichnen und mit einer spitzen Schere ausschneiden. **13**

14 Verschluss-Oberteile von oben nach unten einstecken und festklippen. **14**

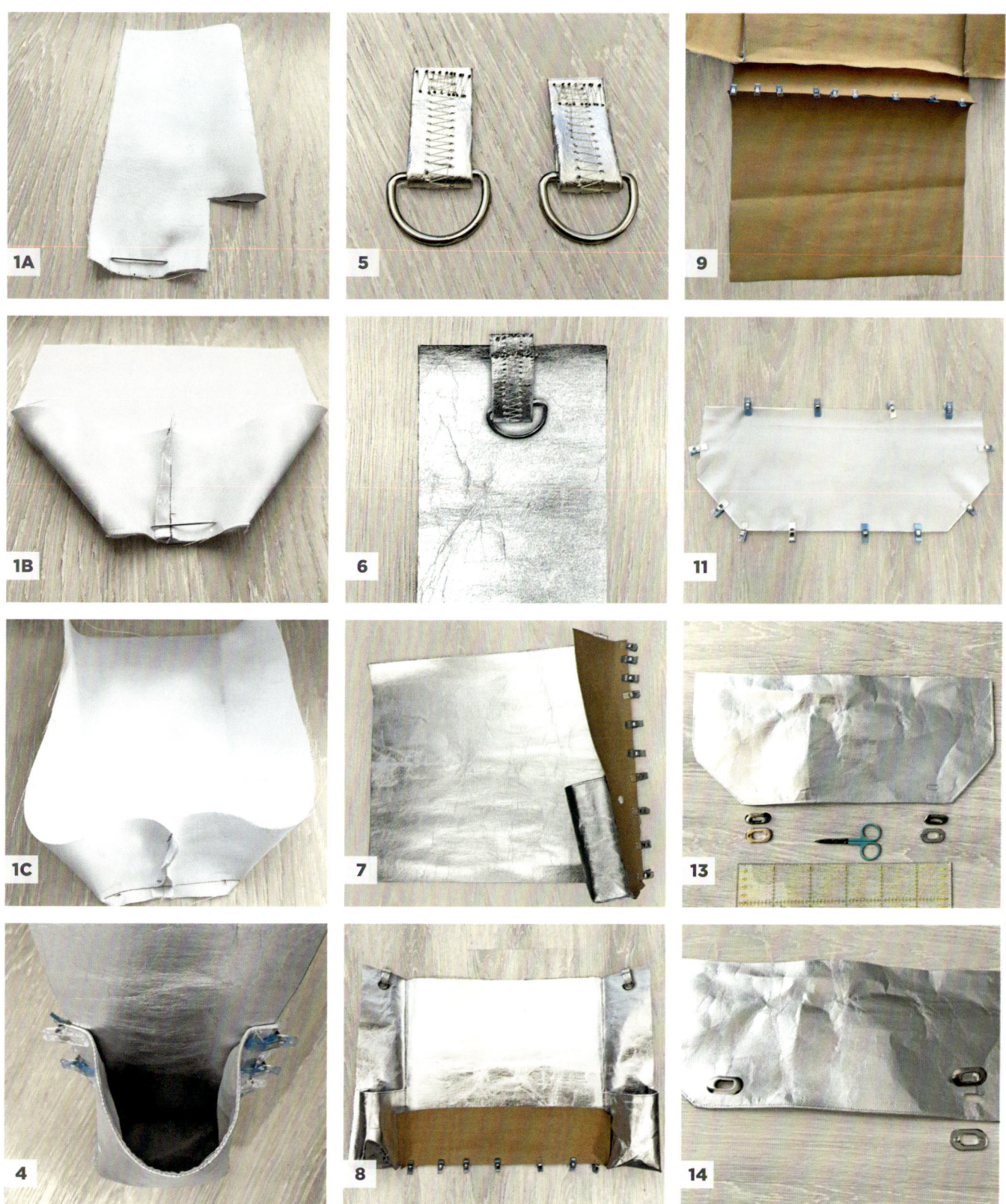

15

18

16A

19

16B

20

17

21

34

15 Am Griff-Streifen die langen Kanten je 1 cm breit nach links einschlagen, offenkantig aneinanderstoßen lassen und von rechts knappkantig und füßchenbreit absteppen. **15**

16 Griffenden laut Schnittmarkierung auf die Klappe legen und jeweils mit einem Rechteck (2,5 x 3 cm) aufnähen. Den Griff zusätzlich mit Buchschrauben fixieren. Dafür im Abstand von 1 cm zur Ansatznaht mit einer Ahle ein Loch durch Träger und Klappe bohren und die Buchschraube einsetzen. **16A** + **16B**

17 Die Klappe mit der offenen Kante rechts auf rechts am oberen Rand auf das Außenseiten-Rückteil legen und anheften. **17**

18 Das Futter rechts auf rechts in die Außenseite stecken; die oberen Kanten zusammennähen. **18**

19 Tasche auf rechts wenden. Nahtzugaben an der Wendeöffnung nach links einschlagen, die Kanten deckungsgleich legen und knappkantig zusammensteppen. Futter in die Tasche stülpen. Die Ecken schön ausformen. Den oberen Taschenrand rundum füßchenbreit absteppen. **19**

20 Auf der Vorderseite die Positionen für die Drehverschlussunterteile individuell markieren. Dafür die Tasche mit etwas Material (z.B. Ordnern oder einem Kissen) füllen und dadurch die Größe des Taschenvolumens bestimmen. Klappe auf die Vorderseite umlegen, mittig ausrichten und die Positionen der Drehverschlussoberteile auf die Vorderseite übertragen. Tasche wieder leeren, die Öffnungen durch Außenseite und Futter einschneiden und die Drehverschlussunterteile anbringen. **20**

21 Den Schultergurt mit Karabinerhaken an den Enden – wie bei den D-Ring-Halterungen beschrieben – anfertigen. Schultergurt an die Tasche klippen. **21**

Echo

SCHLICHT, EDEL, ELEGANT! MIT DIESER TASCHE IN MINIMALISTISCHEM LOOK – GENÄHT AUS ECHTEM NAPPALEDER – BEWEIST MAN STILGEFÜHL. HAPTISCH EIN TRAUM, SOWOHL INNEN ALS AUCH AUSSEN!

LEDERTASCHE

Größe: 43 x 31 x 8 cm • Vorlagen 1 und 2 auf Bogen A • Schwierigkeitsgrad: 🔒🔒

MATERIAL

- Nappaleder in Braun, 0,8–1,0 mm stark, ca. 90 x 90 cm
- Kordel (für die Trägereinlage), 1–1,5 cm Ø, 150 cm
  Tipp: Alternativ können auch zweimal je 3 dünnere Seile/Kordeln à ca. 90 cm geflochten werden
- Baumwollstoff in Natur-Grau gestreift, 50 x 40 cm
- Nylon-Reißverschluss-Meterware in Braun mit gold-metallisierten Zähnchen, 50 cm
- passender Reißverschluss-Schieber
- optional ein Leder-Nähfuß
- optional ein Eckenabrund-Stanzer

ZUSCHNEIDEN

In den Zuschnittmaßen und den Vorlagen ist eine Nahtzugabe von 1 cm enthalten.

Nappaleder in Braun:
- Vorder- & Rückteil **1**: 2x
- Träger: 2x 80 x 4 cm
- Blende der Futtertasche: 18,5 x 3 cm
- Randblenden des Futterstreifens: 2x 37 x 3 cm
- Reißverschluss-Beleg: 2x 4 x 3 cm

Baumwollstoff in Natur-Grau gestreift:
- Außen-/Innentasche **2**: 2x
- Futterstreifen: 22,5 x 37 cm

DIE LEDERTASCHE WIRD OHNE KOMPLETTES INNENFUTTER GEARBEITET, UM DIE SCHÖNE OPTIK UND HAPTIK DES ECHTEN LEDERS HERAUSZUSTELLEN.

SO WIRD'S GEMACHT

1 Taschenhenkel: Lederstreifen an den langen Kanten zur Hälfte falten – 75 cm Seil bis zur Bruchkante einschieben, mittig ausrichten und die langen Kanten aufeinanderstecken. Die mittleren 73 cm der langen Kanten knappkantig zusammensteppen. **1**

2 Die Trägerenden mit Hilfe des Eckenabrund-Stanzers abrunden. (Alternativ mit einem kleinen Glas oder einer Garnrolle die Rundungen aufdrücken und dann mit der Schere sauber nachschneiden.) **2**

3 Für die Innentasche die kleinen Taschen aus Baumwollstoff rechts auf rechts übereinanderlegen, stecken und ringsum zusammennähen, dabei an einer seitlichen Kante eine Wendeöffnung von ca. 6 cm lassen. Wenden, Nahtzugaben an der Wendeöffnung nach links einschlagen. **3**

4 Den Blendenstreifen längs zur Hälfte falten und bis zur Bruchkante um die Oberkante der Innentasche legen. Die Längskanten sauber deckungsgleich ausrichten, damit die Nadel sowohl die oben liegende als auch die unten liegenden Lederkante beim Absteppen trifft. Streifen knappkantig feststeppen. **4**

5 Die Innentasche auf den Futterstreifen legen – Abstand zur oberen kurzen Streifenkante 12 cm. Die gerundete Taschenkante knappkantig aufsteppen. Die Randblendenstreifen, wie bei der Innentasche beschrieben, an die langen Kanten des Futterstreifens nähen. **5A** + **5B**

6 Den Schieber auf den Reißverschluss ziehen. Dafür den Reißverschluss zuerst an einer Seite ca. 5 cm weit öffnen. Am Anfang einer geöffneten Bandhälfte die Reißverschlusszähnchen (nicht das Band!) ca. 1 cm weit abschneiden. Beide Reißverschlusshälften mit den Bandenden so aneinanderhalten, dass der Stoff zu beiden Seiten auf gleicher Höhe beginnt. Den Schieber mit der breiten Seite zuerst so weit auf das vollständige Band schieben, bis die Zähnchen der abgeschnittenen Bandseite ungefähr bündig mit der breitesten Stelle des Schiebers liegen. Dann die Zähnchen soweit es geht in den Schieber drücken, die Bandenden unterhalb des Schiebers festhalten und den Schieber weiter bis etwa zur Mitte auf den Reißverschluss ziehen. Eventuell sind die beiden Zahnreihen nicht mehr gleich lang. Mit einer Schere auf eine Länge bringen. Den Reißverschluss auf 45 cm kürzen. **6**

7 Die Reißschluss-Endstücke, je 3 cm vom Reißverschlussende entfernt, rechts auf rechts auf den Reißverschluss stecken und annähen. Dann die Belege zum Reißverschlussende hin umklappen, so dass das Lederstück bündig mit dem Reißverschlussende liegt. **7**

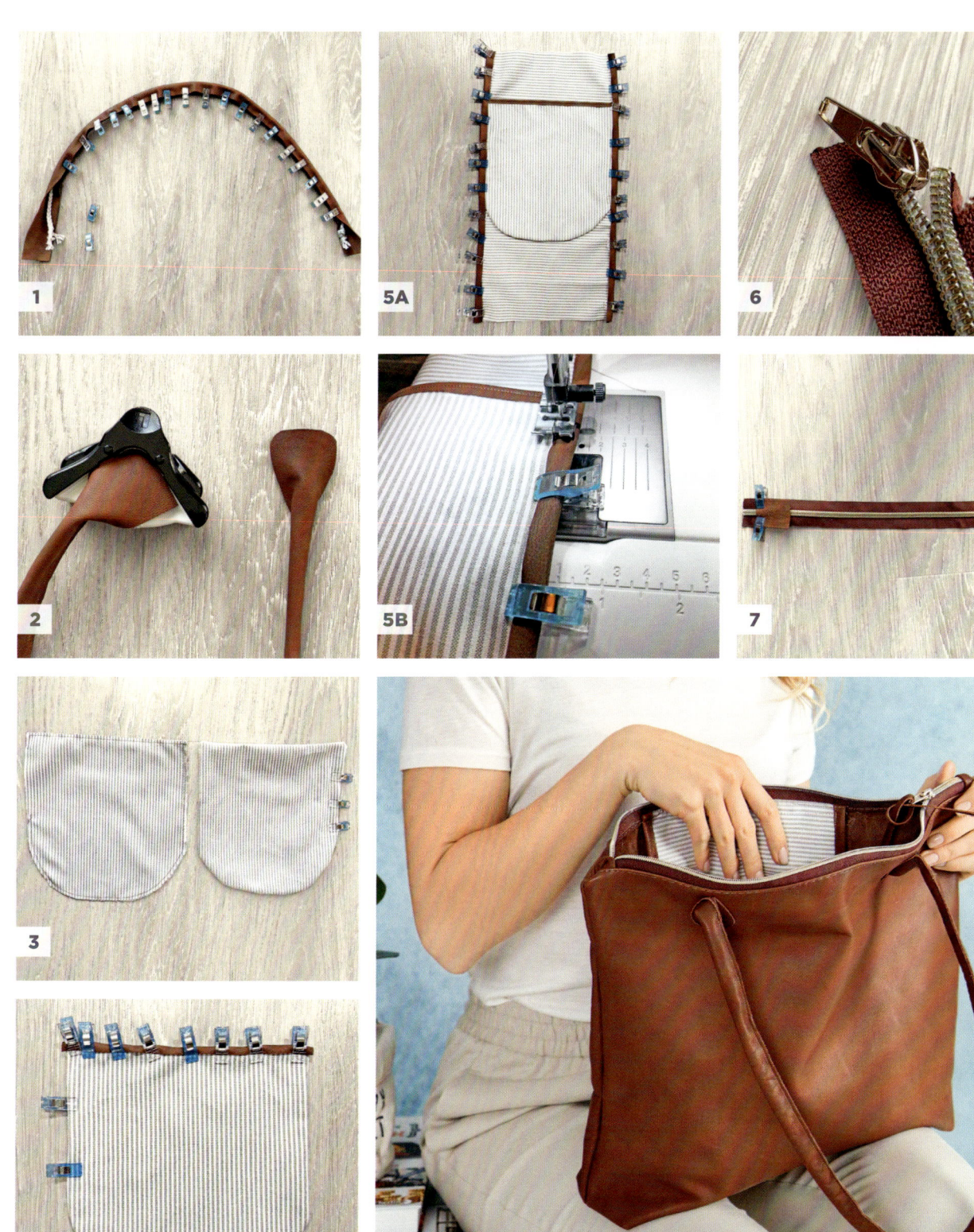

8 Reißverschluss rechts auf recht an die obere lange Kante des Vorderteils legen und knappkantig feststeppen. Rückteil genauso an die zweite Seite des Reißverschlusses nähen. Tipp: Ist man mit dem Nähfuß auf Höhe des Schiebers angelangt, die Nadel im Stoff versenken, den Nähfuß anheben, den Stoff um 90° nach links drehen, dann lässt sich der Schieber ganz einfach ein Stück weiterziehen. Das Teil dann wieder zurückdrehen und weiternähen. **8**

9 Den Futterstreifen mit der aufgesetzten Innentasche mit der rechten Seite mittig auf der Unterseite an ein Reißverschluss-Band stecken. **9**

10 Dann den Futterstreifen nach unten umschlagen und glatt auf die linke Seite des Lederteils legen, unteren Rand feststecken. **10**

11 Vorder- und Rückteil aufklappen; die Reißverschlussnähte mit großen Stichen knappkantig absteppen.

12 Je einen Träger knapp unterhalb des Reißverschlusses auf das Vorder- und Rückteil legen – Abstand zur Seite 12 cm. Trägerenden knappkantig und füßchenbreit aufsteppen. **12A** + **12B**

13 Reißverschluss zur Hälfte öffnen; Vorder- und Rückteil rechts auf rechts legen und an den Seiten sowie am unteren Rand zusammennähen. Am unteren Rand den Abschnitt mit Futterstreifen mit Zickzackstichen versäubern. **13**

14 Für die Bodentiefe zunächst an einer Ecke die Bodennaht rechts auf rechts auf die Seitennaht legen, sodass sich eine Spitze bildet. Ein 8 cm breites Dreieck quer auf die Spitze zeichnen (die 4 cm Marke liegt an der Naht) und absteppen. Die Spitze bis 1 cm vor die Naht abschneiden. Die zweite Ecke genauso abnähen. **14**

15 Tasche auf rechts wenden. Nach Wunsch einen Lederstreifen à 0,5 x 20 cm schneiden und in den Reißverschlussschieber binden.

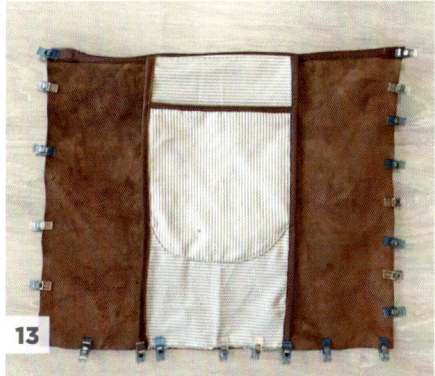

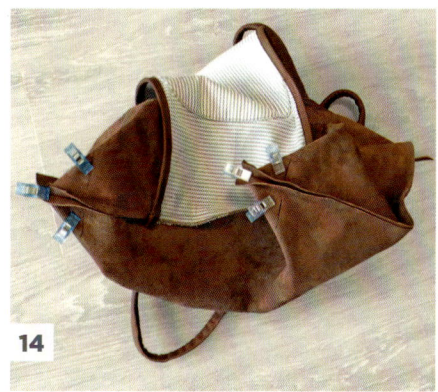

Zulu

IKATSTOFFE WERDEN MIT EINER JAHRHUNDERTEALTEN MUSTERUNGSTECHNIK GEWEBT UND ERFREUEN SICH ZURECHT NEUER BELIEBTHEIT. MIT BÜGELEINLAGE LASSEN SIE SICH ZU GANZ AUSSERGEWÖHNLICHEN TASCHEN VERARBEITEN, WIE BEI DER HOBO-BAG ZULU.

HOBO-BAG

Größe: 35 x 37 x 8 cm • Vorlage 6 auf Bogen B • **Schwierigkeitsgrad:** 🔒🔒

MATERIAL

- Baumwollstoff in Blau-Weiß mit Ikat-Muster, 80 x 25 cm
- Kunstleder in Blau, 120 x 65 cm
- Kunstleder in Schwarz, 90 x 25 cm
- feste, aufbügelbare Einlage, 80 x 25 cm
- Metall-Reißverschluss in Schwarz mit silberfarbenen Zähnchen, 30 cm lang
- Metallringe, oval, silberfarben, 1 x 2,5 cm, 2 Stück
- Schultergurt in Schwarz mit Karabinerhaken

ZUSCHNEIDEN

In den Zuschnittmaßen und der Vorlage ist eine Nahtzugabe von 1 cm enthalten.

Baumwollstoff in Blau-Weiß mit Ikat-Muster:
- Außenseite Oberteil: 2x 37 x 22,5 cm

Kunstleder in Schwarz:
- Außenseite Unterteil **6**: 2x
- Ring-Halterungen: 2x 9 x 4,5 cm

Kunstleder in Blau:
- Seiten-/Bodenstreifen: 2x 116 x 10 cm
- Futter Vorder- & Rückseite: 2x 37 x 43 cm, die unteren Ecken passend zum Außenseiten-Unterteil abschrägen

Einlage:
- Außenseite Oberteil: 2x 37 x 22,5 cm

DIESES MODELL HAT KEINE INNENTASCHE. ANLEITUNGEN FÜR EINE AUFGESETZTE INNEN-TASCHE BZW. EINE REISSVERSCHLUSS-INNEN-TASCHE GIBT ES BEI LAPTOPTASCHE ALPHA ODER SPORTTASCHE YANKEE. DIE TASCHEN-MAßE GEGEBENENFALLS ANPASSEN.

SO WIRD'S GEMACHT

1 Einlage auf die linken Seiten der Außenseiten-Oberteile bügeln. **1**

2 Je ein Außenseiten-Oberteil und ein Außenseiten-Unterteil an einer langen Kante zusammennähen. Nahtzugaben in das Kunstleder streichen. Die Naht von rechts knappkantig absteppen. **2**

3 An den oberen Kanten der Außenseiten sowie am Reißverschluss jeweils die Mitte mit einer Stecknadel markieren. Den Reißverschluss rechts auf rechts mittig an die obere Kante einer Außenseite stecken. **3**

4 Die Enden der Reißverschlussbänder zur Stoffkante hin einschlagen und feststecken. Reißverschluss fußbreit annähen. **4**

5 Die 2. Außenseite genauso gegenüber an den Reißverschluss nähen.

6 Für das Taschenfutter je ein blaues Kunstleder-Rechtecke mit der rechten Seite an die untere Seite des Reißverschlusses stecken und in der Oberstoffnaht feststeppen. Futterteile links auf links auf die Außenteile wenden. **6**

7 An den oberen Kanten der Außenseiten bzw. des Futters die seitlichen Stücke ohne Reißverschluss jeweils 1 cm breit nach innen schlagen und – so dicht wie möglich bis zum Reißverschluss – knappkantig feststeppen. **7A** + **7B**

8 Die Reißverschlussnähte von rechts knappkantig – am besten mit einem Schmalkantfuß – absteppen.

9 Für die Taschentiefe einen Seiten-/Bodenstreifen rechts auf rechts zwischen die Außenseitenteile nähen. Dafür zuerst den Seitenstreifen an den kurzen Kanten zur Hälfte legen und die Bruchkante auf beiden Seiten markieren. An den unteren Kanten der Außenseiten ebenfalls die Mitte markieren.

10 Nun den Seiten-/Bodenstreifen mit einer kurzen Kante rechts auf rechts mittig über dem Reißverschluss auf die Außenseite stecken. Dabei darauf achten, dass die Lücke zwischen den oberen Kanten der Außenseite gleich breit wie der Reißverschluss bleibt! Streifenkante von Eckpunkt zu Eckpunkt (= 1 cm vor der Schnittkante) festnähen. Nahtanfang und -ende mit Rückstichen sichern. **10**

11 Genauso die 2. kurze Streifenkante an der gegenüberliegenden Seite über dem Reißverschluss festnähen. Nun wird es etwas kniffelig! Eine lange Kante des Seiten-/Bodenstreifens rechts auf rechts an die Außenkanten eines Außenteils stecken; dafür zuerst die Markierungen der unteren Mitte deckungsgleich legen, dann die Kanten zu beiden Seiten hin anstecken. Die 2. lange Kante des Seiten-/Bodenstreifens ebenso an die 2. Außenseite stecken. Kanten feststeppen, dabei mit der Naht jeweils genau im Eckpunkt (= am letzten Stich der Naht der kurzen Kante des Seiten-/Bodenstreifens) beginnen bzw. enden. **11**

12 In gleicher Weise den Seiten-/Bodenstreifen an das Futter nähen; dabei hier an der unteren Kante eine ca. 15 cm große Wendeöffnung lassen. **12**

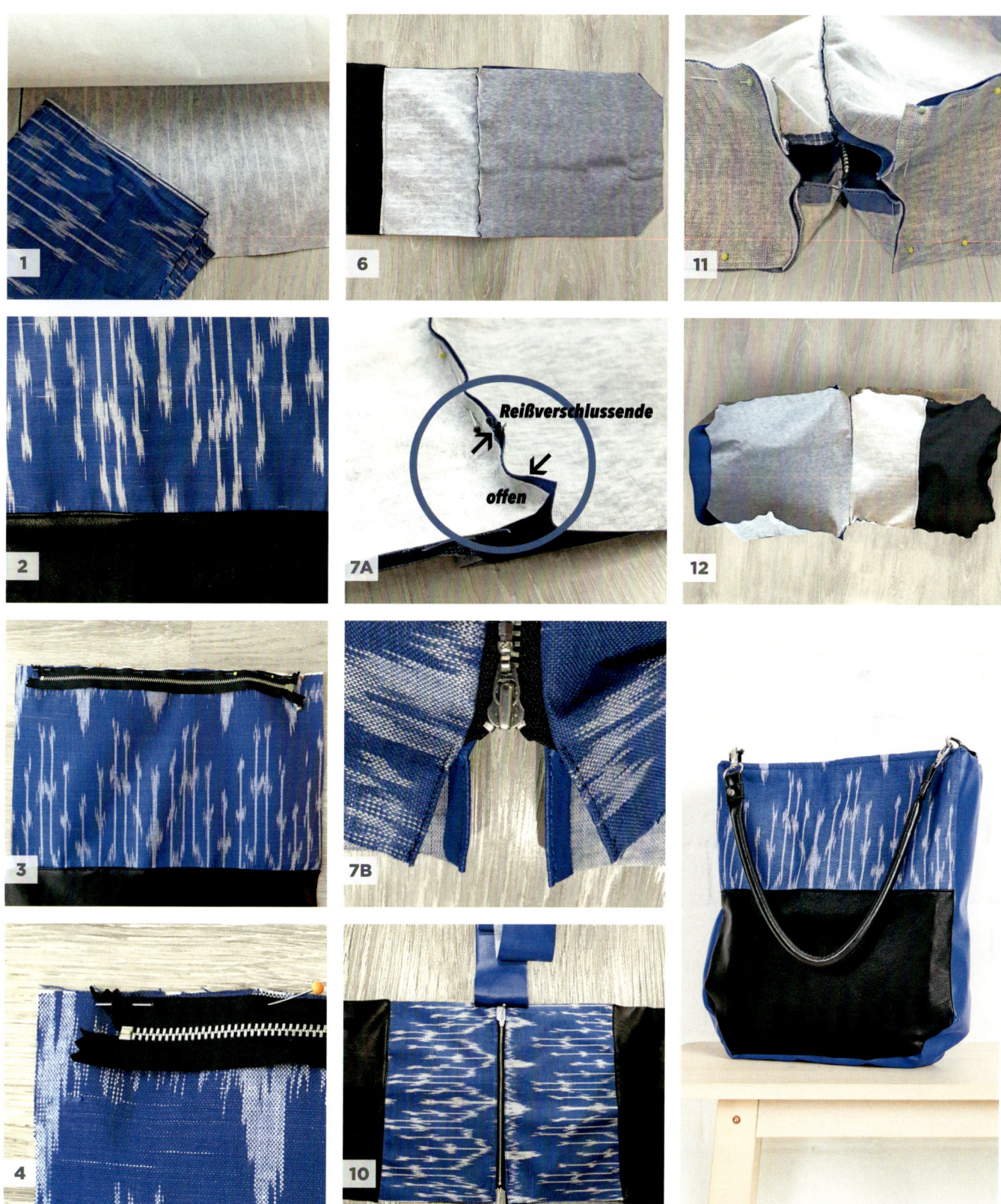

7A Reißverschlussende   offen

45

13 Für die Ring-Schlaufen an den schwarzen Kunstlederstreifen die langen Kanten je 1 cm breit nach innen falten, dann den Streifen zusammenklappen und klammern. Mit einem breiten Zickzackstich in der Mitte durchsteppen. **13**

14 Streifen zur Hälfte legen, einen Ring bis zur Bruchkante einlegen und die kurzen Kanten heften. **14**

15 Tasche so legen, dass an einer Seite die kurzen Kanten der Seiten-/Bodenstreifen von Außenseite und Futter rechts auf rechts liegen. An der Öffnung in der Mitte der kurzen Kanten eine Ring-Schlaufe rechts auf rechts zwischen die Lagen schieben, stecken und die Kanten zusammennähen. Dabei langsam nähen und bei Bedarf auch das Handrad der Nähmaschine einsetzen! Tipp: Sind die doppelten Schlaufenstreifen zu dick für den Freiraum unter dem Nähfüßchen, können sie auch nebeneinander gelegt werden. **15**

16 Damit die Schlaufen auch nicht ausreißen, den Reißverschluss so weit wie möglich öffnen und die Schlaufen zusätzlich mit einem kleinen Rechteck an den Außen- und Innenseitenstreifen der Tasche festnähen. Wer möchte, kann die Schlaufen zusätzlich mit einer Niete fixieren, siehe Shopper India auf Seite 54.

17 Tasche wenden. Nahtzugaben an der Wendeöffnung nach links einschlagen, die Kanten deckungsgleich legen und knappkantig zusammensteppen. Futter in die Außenseite stülpen. **17**

18 Die gesamte Taschenvorderseite (Außenteil & Futter) auf Höhe der Ecken des Seiten-/Bodenstreifens quer in den Bruch legen und die Bruchkante 1 cm breit absteppen. Taschenrückseite ebenso absteppen. **18**

19 Schultergurt anklippen.

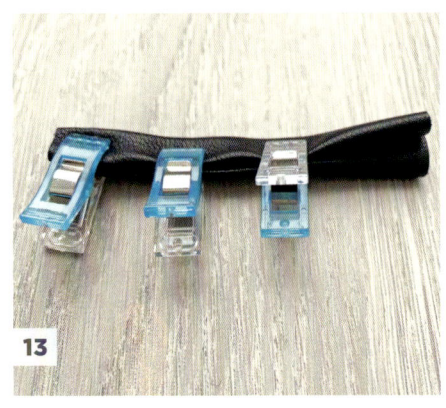

13

15

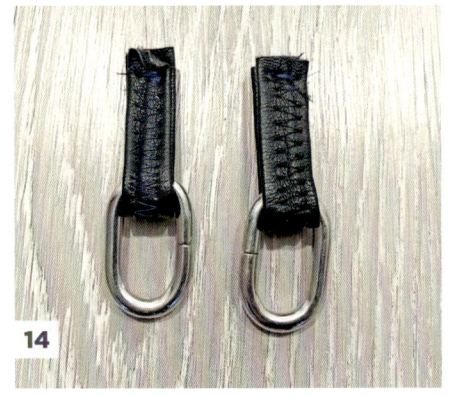

14

17

18

Juliet

SUPER PRAKTISCH FÜR SPORT UND FREIZEIT UND EIN SCHÖNES ACCESSOIRE ZUGLEICH, IST DER RUCKSACKBEUTEL MIT DEM DEKORATIVEN KORDELZUG. DER BEUTEL IST ABSICHTLICH LÄNGER GESCHNITTEN, DAMIT AUCH TURNSCHUHE UND SPORTKLEIDUNG HINEINPASSEN.

RUCKSACKBEUTEL

Größe: 35 x 53 cm • Vorlagen 1 und 7 auf Bogen A • Schwierigkeitsgrad: 🔒

MATERIAL

- beschichteter Baumwollstoff in Rosa mit pinkfarbenen Punkten, 150 x 60 cm
- Kunstleder metallic glänzend in Silber, 75 x 12 cm
- Kunstleder-Paspelband in Rosa, 75 cm
- Baumwollkordel in Grau, 8 mm Ø, 4 m
- Textilsprühkleber

ZUSCHNEIDEN

In den Zuschnittmaßen ist eine Nahtzugabe von 1 cm enthalten. Am Stern wird keine Nahtzugabe benötigt.

Baumwollstoff:
- Vorder- & Rückteil **1**: 2x
- Futter: 2x 37 x 55 cm

Kunstleder:
- unterer Außenteilstreifen: 2x 37 x 12 cm
- Kordel-Laschen: 4x 8 x 3 cm
- Stern **7**: 1x

DIE HIER VORGESCHLAGENE KORDELLÄNGE ALS ZUGBAND UND SCHULTERTRÄGER IST FÜR EINE KÖRPERGRÖSSE VON 170 CM IDEAL, WER GRÖSSER ODER KLEINER IST, SOLLTE DIE LÄNGE INDIVIDUELL ANPASSEN.

SO WIRD'S GEMACHT

1 Außenbeutel: Für die Vorder- und Rückseite jeweils 37 cm Paspelband abschneiden und rechts auf rechts an die obere lange Kante eines Kunstlederstreifens heften. Ein Vorder- & Rückteil mit einer kurzen Kante rechts auf rechts an diese Kante stecken und die Lagen – so knapp wie möglich neben der Paspel – zusammennähen. Teile auffalten; die Nahtzugabe in das Baumwollteil legen und die Kante mit den Fingern flach drücken. **1**

2 Den Stern auf der Rückseite mit Textilsprühkleber besprühen, im Abstand von 20 cm zur oberen kurzen Kante, mit einer Spitze nach oben zeigend, in der Mitte auf die Vorderseite kleben und knappkantig applizieren. **2**

3 Je zwei der Kordel-Laschenstreifen links auf links aufeinanderlegen und rundum mit einem Zier- oder Zickzackstich zusammennähen. Streifen zur Schlaufe legen; die kurzen Kanten heften. **3**

4 Die Vorder- und Rückseite des Außenbeutels rechts auf rechts aufeinanderlegen. Darauf achten, dass die Paspelenden exakt aufeinandertreffen! An einer langen Kante im Abstand von 4 cm und 7 cm zur oberen Kante mit Stecknadeln die Tunnelöffnung markieren. (Die 3 cm zwischen den Stecknadeln bleiben offen – dort wird später die Kordel eingezogen.) **4**

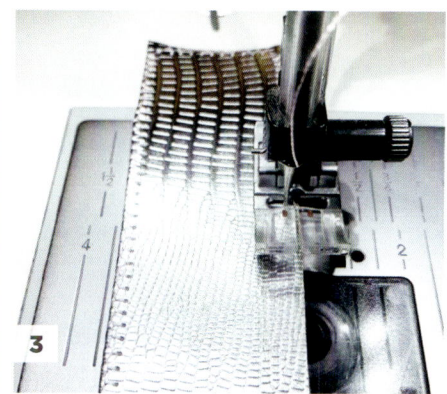

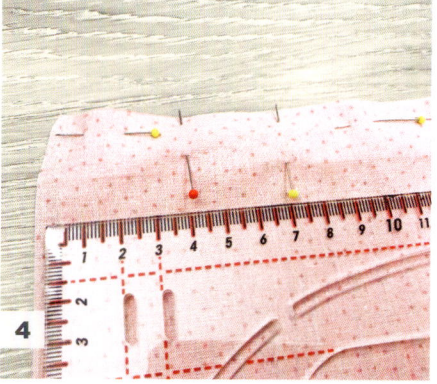

5 An der gleichen langen Kante im Abstand von 48,5 cm zur oberen Kante eine Kordel-Lasche mit den offenen Kanten einschieben – Schlaufenkanten und die langen Beutelkanten liegen deckungsgleich (zur besseren Ansicht schauen beim Foto die Schlaufenkanten etwas heraus). Die Lagen an der langen Kante zusammennähen. **5**

6 Die Futterrechtecke rechts auf rechts legen und eine lange Kante zusammennähen. Futterteile und Außenteile aufklappen, an den oberen Kanten rechts auf rechts legen – die Seitennähte liegen deckungsgleich – und die oberen Kanten zusammennähen. **6**

7 Das Beutelteil so auffalten, dass auf einer Seite die Außenteile und auf der anderen Seite die Futterteile deckungsgleich liegen. An der langen Außenbeutelkante, wie gehabt, die Tunnelöffnung markieren und die 2. Kordel-Lasche einschieben. An der langen Innenbeutelkante mittig eine 10 cm große Wendeöffnung abstecken. Teile zusammennähen. **7**

8 Rucksackbeutel auf rechts wenden. Nahtzugaben an der Wendeöffnung nach links einschlagen, die Kanten deckungsgleich legen und knappkantig zusammensteppen. Futter in die Tasche stülpen.

9 Die oberen Kanten flach bügeln. Im Abstand von 3 cm und 6 cm zur oberen Kante (= knapp über und knapp unter der Tunnel-Öffnung) mit einem selbstlöschenden Stift die Linien für den Kordeltunnel auf die Vorder- und Rückseite zeichnen. Die Nahtzugaben an den Tunnel-Öffnungen nach links einschlagen. Tunnellinien rundum absteppen. **9**

10 Kordel halbieren. Von einer Seite aus ein Kordelstück durch den Tunnel der Vorderseite und fortlaufend durch den Tunnel der Rückseite ziehen und an der gleichen Seite wieder austreten lassen. **10**

11 Das zweite Kordelstück von der anderen Seite aus gegenläufig genauso einfädeln. **11**

12 Auf jeder Seite eines der Kordelenden durch die Kordel-Lasche führen und mit dem anderen Kordelende verknoten.

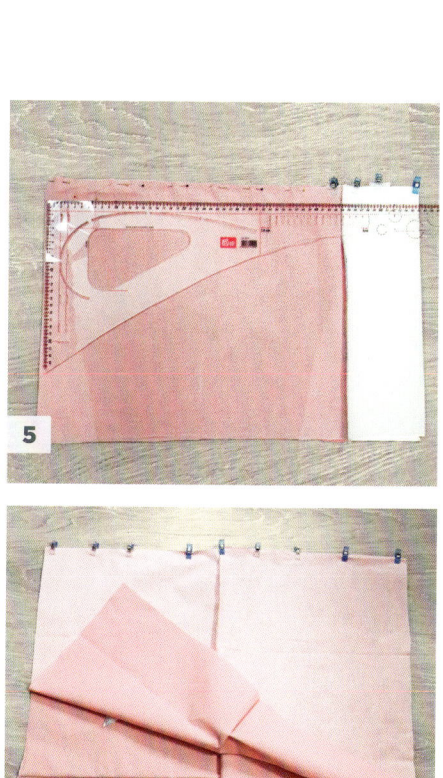

5

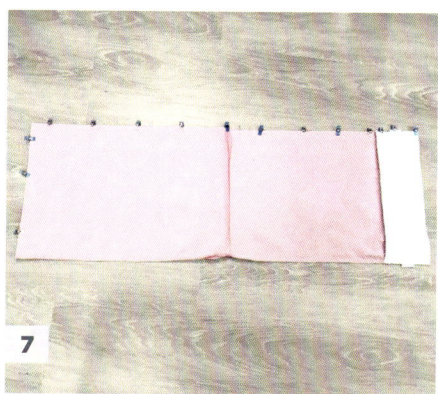

6

7

9

10

11

India

DAS IDEALE PROJEKT FÜR ALLE NÄHBEGINNER UND AUCH EIN NÄHPROJEKT MIT KINDERN! EINEN SHOPPER KANN MAN IMMER GEBRAUCHEN UND DIESER IST WIRKLICH GANZ EINFACH UND SCHNELL GENÄHT!

SHOPPER

Größe: 35 x 39 x 8 cm • Vorlage 1 auf Bogen A • Schwierigkeitsgrad: 🔒

MATERIAL

- Baumwollstoff in Senf mit grafischem Muster, 80 x 50 cm
- Baumwollstoff in Rosa, 80 x 50 cm
- Lederriemen, 2,5 cm breit, 60 cm, 2 Stück
- Schaumvlies-Einlage, 5 mm stark, 90 x 40 cm
- Feste Einlage oder Stoffrest (für die Verstärkung an den Magnetknöpfen), 2 x 10 cm
- Nieten, goldfarben, 9 mm Ø, 4 Stück
- Magnetknöpfe, goldfarben, 19 mm, 2 Stück
- Ledernähnadel

ZUSCHNEIDEN

In den Zuschnittmaßen ist eine Nahtzugabe von 1 cm enthalten.

Baumwollstoff in Senf mit grafischem Muster:
- Vorder- & Rückteil **1**: 2x

Baumwollstoff in Rosa:
- Vorder- & Rückteil **1**: 2x

Einlage:
- Vorder- & Rückteil **1**: 2x

WER KEINE LEDERTRÄGER VERARBEITEN MÖCHTE, KANN ALTERNATIV AUCH TRÄGER AUS STOFF NÄHEN. DAFÜR ZWEI STOFF-STREIFEN À 62 CM LÄNGE UND 8 CM BREITE SCHNEIDEN UND WIE BEI TASCHE X-RAY BESCHRIEBEN NÄHEN!

SO WIRD'S GEMACHT

1 Die Außenteile mit der linken Seite auf die Einlage legen und ringsum knappkantig feststeppen. **1**

2 Außenteile rechts auf rechts legen und an einer langen Kante zusammennähen. **2**

3 Futterteile rechts auf rechts legen und an einer langen Kante zusammennähen. **3**

4 Je 10 cm vom rechten und linken Rand und 6,5 cm vom oberen Rand entfernt auf den linken Seiten der Futterrechtecke die Positionen der Magnetknöpfe markieren. Jeweils die Unterteile der Magnetknöpfe auflegen, passend zu den Schlitzen kleine Linien aufzeichnen und diese vorsichtig einschneiden. Damit die Magnetknöpfe bei häufiger Benutzung nicht ausreißen, den Stoff verstärken. Dafür 4 Stücke feste Einlage/Stoff à 1 x 2 cm zuschneiden und hier ebenfalls, jeweils mittig, die Schlitze einschneiden. Das Magnetknopfoberteil dann von rechts an den Schlitzen einstecken, Einlage und Magnetknopfunterteil aufstecken und die Metallstifte umbiegen. **4**

5 Futterteile und Außenteile aufklappen, an den oberen Kanten rechts auf rechts legen – die Seitennähte liegen deckungsgleich – und die oberen Kanten zusammennähen. **5**

6 Teile rechts auf rechts so falten, dass auf einer Seite die Außenteile und auf der anderen Seite die Futterteile deckungsgleich liegen. An der langen Futterkante mittig eine 20 cm große Wendeöffnung abstecken. Teile zusammennähen. **6**

7 Für die Bodentiefe zunächst an einer Ecke die Bodennaht rechts auf rechts auf die Seitennaht legen, sodass sich eine Spitze bildet. Ein 8 cm breites Dreieck quer auf die Spitze zeichnen (die 4 cm Marke liegt an der Naht) und absteppen. Die restlichen Ecken genauso abnähen. **7**

8 Tasche wenden. Nahtzugaben an der Wendeöffnung nach links einschlagen, die Kanten deckungsgleich legen und knappkantig zusammensteppen. Futter in die Außentasche stülpen. Die Ecken am Taschenboden ausformen.

9 Die Naht an der Oberkante schön ausformen und mit Stoffklammern feststecken. Oberkante fußbreit von rechts absteppen (dafür, falls möglich, den Anschiebetisch der Nähmaschine entfernen – dann geht's leichter!) **9**

10 Die Lederriemen an der Vorder- und Rückseite, jeweils 10 cm von der Seitennaht und 5 cm von der Oberkante entfernt, 4 cm weit auflegen und feststecken. Riemenende mit einem Rechteck aufsteppen – dabei eine Ledernadel benutzen und langsam nähen; bei Bedarf auch das Handrad der Nähmaschine einsetzen! **10**

11 Mit einer Ahle die Löcher für die Nieten in der Mitte der Rechtecke vorbohren, dann die Nieten einstanzen. **11A** + **11B**
Tipp: Mit einer Drehspindel können Nieten leicht, präzise und sehr fest angebracht werden!

DIESES MODELL HAT KEINE INNENTASCHE. ANLEITUNGEN FÜR EINE AUFGESETZTE INNENTASCHE BZW. EINE REISSVERSCHLUSS-INNENTASCHE GIBT ES BEI LAPTOPTASCHE ALPHA ODER SPORTTASCHE YANKEE. DIE TASCHENMAßE GEGEBENENFALLS ANPASSEN.

1

2

3

4

5

6

7

9

10

11A

11B

Lima

EINE CLUTCH IST NICHT NUR EIN SCHICKER BEGLEITER FÜR DEN ABEND, SIE KANN AUCH ALS PRAKTISCHES ORDNUNGSHELFERLEIN IN DER GROSSEN HANDTASCHE DIENEN. WIE DIESES MODELL, DAS AUS LEICHTEM PAPIERSTOFF GENÄHT WIRD!

CLUTCH

Größe: 28 x 13 cm • Vorlage 8 auf Bogen B • Schwierigkeitsgrad: 🔒

MATERIAL

- Baumwoll-Chambray in Jeansblau mit goldenen Federn, 75 x 35 cm
- Papierstoff in Dunkelblau, 75 x 35 cm
- Bügeleinlage, mittlere Stärke, 75 x 35 cm
- dekorativer Metall-Druckknopf zum Annähen, goldfarben, 18 mm Ø

ZUSCHNEIDEN

Für den Taschenkörper die Vorlage 8 2x abpausen und an einer kurzen Kante zusammenkleben. In der Vorlage ist eine Nahtzugabe von 1 cm enthalten.

Baumwoll-Chambray in Jeansblau mit goldenen Federn:
- Taschenkörper: 1x

Papierstoff in Dunkelblau:
- Taschenkörper: 1x

Einlage:
- Taschenkörper: 1x

SO WIRD'S GEMACHT

1 Einlage auf die linke Seite des Baumwollstoff-Taschenkörpers bügeln. **1**

2 Beide Taschenkörperteile rechts auf rechts aufeinanderlegen, stecken und an den langen Kanten sowie an einer kurzen Kante zusammen-nähen. **2**

3 Tasche durch die offene kurze Kante wenden – dabei knittert der Papierstoff und bekommt so den gewünschten used-look!

4 Die verstürzten Kanten sauber ausformen und flach bügeln. An der offenen kurzen Kante die Mitte markieren. Die rechte Ecke links auf links, bis zur markierten Mitte nach innen unten einfalten, sodass sich ein Dreieck bildet. **4**

5 Die linke Ecke ebenso einfalten. Es ergeben sich zwei Spitzen. **5**

6 Die Spitze aufeinanderlegen und an den schrägen Kanten klammern. **6**

7 Nun wird die Clutch gefaltet: Für die dreieckige Klappe die Spitze an der unteren Kante auf die Baumwollstoff-Seite umfalten, Falz vorsichtig einbügeln oder mit den Fingern glatt streichen. Dann nochmals auffalten.
Nun für den Taschenbeutel das Rechteck unterhalb der Spitze in eine 12 cm tiefe Falte legen, Falzkanten einbügeln oder mit den Fingern glatt streichen. **7**

8 Anschließend die kurze gerade Rechteckkante um den Taschenbeutel herum bis zum unteren Klappenrand falten, so ergibt sich auf der Clutch-Rück-seite ein Einschubfach. Der Baumwollstoff liegt nun auf der Vorder- und Rückseite der Clutch außen. **8**

9 Die seitlichen Kanten des Clutch-Beutelteils sowie die Klappenkanten fortlaufend knappkantig zusammen- bzw. absteppen. Klappe über den Taschen-beutel umfalten.

10 Das Druckknopfoberteil im Abstand von 2 cm zur Spitze und passend dazu das Druckknopfunterteil auf der Clutchbeutel-Vorderseite anbringen (ggf. die Gebrauchsanleitung des Druck-knopfs beachten). **10**

November

EIN KLEINES STAURAUMWUNDER IST DIESE TASCHE. DER OVALE BODEN SCHAFFT DIE FORM, DIE VIER TASCHENFÜSSE VERLEIHEN STANDFESTIGKEIT, UND FERTIG IST DER ELEGANTE BEGLEITER FÜR DEN AUSFLUG INS CAFÉ!

HANDTASCHE

Größe: 33 x 26 x 12,5 cm • Vorlagen 8 und 9 auf Bogen B • **Schwierigkeitsgrad:** 🛍🛍🛍

MATERIAL

· Baumwollstoff in Schwarz-Weiß gemustert,
  100 x 40 cm
· Baumwollstoff in Grau-Weiß gemustert, 100 x 40 cm
· Stabile Einlage zum Einnähen, 35 x 20 cm
· Kunstleder in Schwarz, 15 x 6 cm
· Nylon-Reißverschluss-Meterware in Schwarz, 35 cm
· passender Reißverschluss-Schieber
· Taschengriffe in Schwarz, 1 Paar
· Metall-Taschenfüße, silberfarben, 4 Stück

ZUSCHNEIDEN

In den Zuschnittmaßen und den Vorlagen
ist eine Nahtzugabe von 1 cm enthalten.

Baumwollstoff in Schwarz-Weiß gemustert:
· Vorder- & Rückteil **8**: 2x
· Boden **9**: 1x

Baumwollstoff in Grau-Weiß gemustert:
· Vorder- & Rückteil **8**: 2x
· Boden **9**: 1x

Einlage:
· Boden **9**: 1x

DIESES MODELL HAT KEINE INNENTASCHE. ANLEITUNGEN FÜR EINE AUFGESETZTE INNENTASCHE BZW. EINE REISSVERSCHLUSS-INNENTASCHE GIBT ES BEI LAPTOPTASCHE ALPHA ODER SPORTTASCHE YANKEE. DIE TASCHENMAßE GEGEBENENFALLS ANPASSEN.

SO WIRD'S GEMACHT

1 Den Schieber auf den Reißverschluss ziehen. Dafür den Reißverschluss zuerst an einer Seite ca. 5 cm weit öffnen. Am Anfang einer geöffneten Bandhälfte die Reißverschlusszähnchen (nicht das Band!) ca. 1 cm weit abschneiden. Beide Reißverschlusshälften mit den Bandenden so aneinanderhalten, dass der Stoff zu beiden Seiten auf gleicher Höhe beginnt. Den Schieber mit der breiten Seite zuerst so weit auf das vollständige Band schieben, bis die Zähnchen der abgeschnittenen Bandseite ungefähr bündig mit der breitesten Stelle des Schiebers liegen. Dann die Zähnchen soweit es geht in den Schieber drücken, die Bandenden unterhalb des Schiebers festhalten und den Schieber weiter bis etwa zur Mitte auf den Reißverschluss ziehen. Eventuell sind die beiden Zahnreihen nicht mehr gleich lang. Mit einer Schere auf eine Länge bringen. Den Reißverschluss auf 35 cm kürzen. **1**

2 Den Reißverschluss rechts auf rechts an die obere lange Kante eines Außenteils legen und fußbreit feststeppen. Das 2. Außenteil genauso an die zweite Seite des Reißverschlusses nähen. Tipp: Ist man mit dem Nähfuß auf Höhe des Schiebers angelangt, die Nadel im Stoff versenken, den Nähfuß anheben, den Stoff um 90° nach links drehen, dann lässt sich der Schieber ganz einfach ein Stück weiterziehen. Den Stoff dann wieder zurückdrehen und weiternähen. **2**

3 Futter-Rechtecke jeweils mit der rechten Seite an die untere Seite des Reißverschlusses stecken und in der Naht des Außenstoffs feststeppen.

4 Das gesamte Taschenteil so auffalten, dass auf einer Seite die Futterteile und auf der anderen Seite die Außenseitenteile deckungsgleich liegen. Den Reißverschluss auf die Seite des Futters drücken und halb öffnen. Die langen Kanten zusammennähen, dabei im Futter an einer Kante eine ca. 12 cm große Wendeöffnung lassen. **4**

5 Den Futterboden rechts auf rechts an den unteren Rand des Futters nähen. **5**

6 Den Außenboden rechts auf rechts an den unteren Rand des Außenteils nähen. **6**

7 Die Bodeneinlage auf die linke Seite des Außenbodens nähen. **7**

8 Die Schlitze/Löcher für die Taschenfüße laut Schnittmarkierung auf den Boden übertragen und mit einer spitzen Schere/Ahle einschneiden/-stechen. **8**

9 Die Stifte der Taschenfüße von außen an den Schlitzen durch Stoff und Einlage stecken und auf der Innenseite umbiegen. **9**

10 Tasche wenden. Nahtzugaben an der Wendeöffnung nach links einschlagen, die Kanten deckungsgleich legen und knappkantig zusammensteppen. Futter in die Außentasche stülpen.

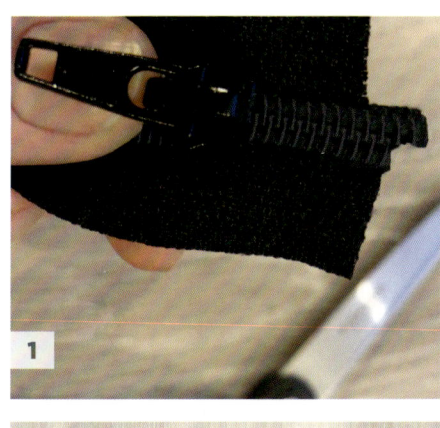

1

2

4

6

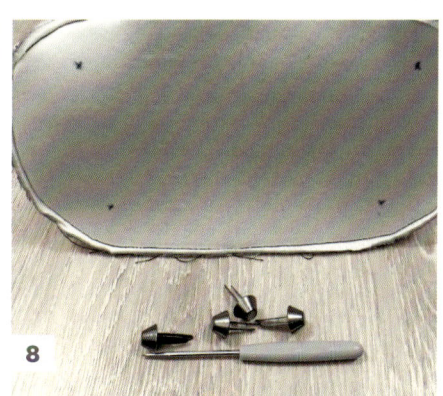

8

5

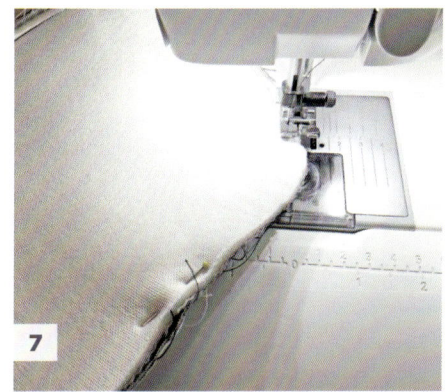

7

9

11 Für den tiefer gelegten Reißverschluss, den Reißverschluss öffnen und 2 cm ins Innere der Tasche nach unten schieben. Darauf achten, dass der Abstand von Oberkante zum Reißverschluss rundum gleichmäßig breit ist. Bruchkante mit Stoffklammern fixieren und ringsherum fußbreit absteppen. **11**

12 Die Taschengriffe jeweils 7 cm von den Seiten-kanten und 2 cm von der Oberkante entfernt mit Stecknadeln (das geht nicht ganz einfach, hält aber am besten) feststecken und von Hand annähen (ein Fingerhut kann hier nützlich sein). Dafür ca. 50 cm festes Garn in Schwarz doppelt legen und die Enden verkno-ten. Faden unter dem runden Griffende vernähen, dann von unten nach oben durch das erste vorgestanzte Loch ausstechen. Weiter mit Vorstichen entlang der Loch-reihe bis zum Ende nähen – dabei durch Oberstoff und Futter stechen – dann in entgegengesetzter Richtung zurück zum Anfang. Faden gut vernähen. Achtung: Nicht durch das Reißverschlussband nähen! **12A + 12B**

13 Quaste: Für den Aufhänger einen 0,5 x 15 cm breiten Streifen von dem schwarzen Kunst-leder-Rechteck abschneiden. Am übrigen Kunstleder-Rechteck parallel zur Schmalseite 4 cm lange und 3 mm breite Streifen einschneiden. Den Aufhänger an die nicht eingeschnittene Kante nähen, dann das Recht-eck von dieser Schmalseite aus dicht einrollen, kurz vor Schluss den Aufhänger zur Schlaufe umlegen und das zweite Ende mit in das Röllchen fassen. Den oberen Quastenrand+Aufhänger von Hand fest vernähen. **13**

14 Die Aufhängerschlaufe durch die Öffnung am Reißverschlussschieber ziehen, Quaste durch-stecken und die Schlaufe festziehen. **14**

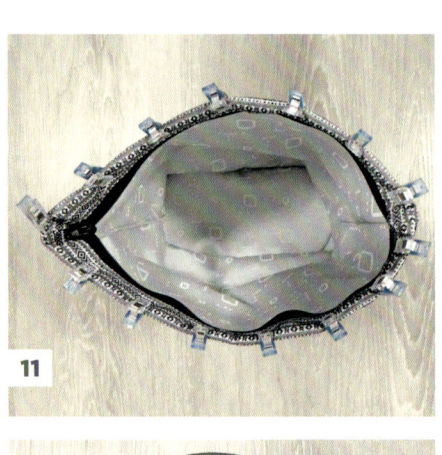

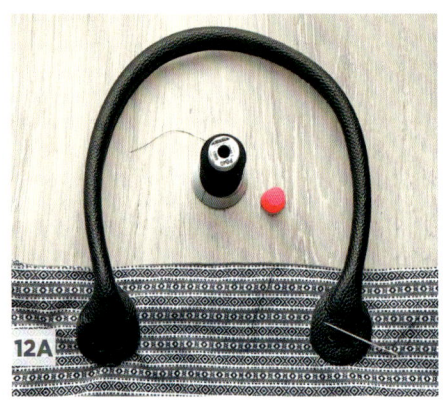

Sierra

EIN VIELFÄLTIGES MODELL IST DIESE UMHÄNGETASCHE. GANZ GLEICH, OB IM MEXIKANISCHEN STIL MIT KRÄFTIGEN FARBEN ODER AUS STOFFEN IN ZARTEN PASTELLTÖNEN, DIESE TASCHENFORM IST EIN KLASSIKER!

SCHULTERTASCHE

Größe: 28 x 15,5 x 4 cm • Vorlage 8 auf Bogen B • **Schwierigkeitsgrad:** 🔒🔒

MATERIAL

- Webstoff im Mexikostil, 100 x 40 cm
- Kunstleder in Rot, 100 x 40 cm
- Schaumvlies-Einlage, 5 mm stark, 100 x 40 cm
- Taschendrehverschluss, altmessing, 32 x 20 cm
- Taschenkette mit Karabinerhaken, altmessing, 88 cm lang
- Metall-D-Ringe, altmessing, 1 cm breit, 2 Stück

ZUSCHNEIDEN

In den Zuschnittmaßen und der Vorlage ist eine Nahtzugabe von 1 cm enthalten.

Webstoff im Mexikostil:
- Teil **8**: 1x
- Seiten-/Bodenstreifen: 1x 65 x 6 cm
- Vorderteil: 1x 30 x 17,5 cm

Kunstleder in Rot:
- Teil **8**: 1x
- Seiten-/Bodenstreifen: 1x 65 x 6 cm
- Vorderteil: 1x 30 x 17,5 cm
- D-Ring-Halterung: 2x 4,5 x 5,5 cm

Schaumvlies-Einlage:
- Teil **8**: 1x
- Seiten-/Bodenstreifen: 1x 65 x 6 cm
- Vorderteil: 1x 30 x 17,5 cm

SO WIRD'S GEMACHT

1 Für das Futter den Kunstleder-Seiten-/Boden-streifen rechts auf rechts an das Kunstleder-Vorderteil stecken und annähen. Dafür zuerst die kurzen Kanten jeweils bis zum Eckpunkt der unteren langen Vorderteilkante (= 1 cm vor der Schnittkante) nähen und die Naht verriegeln; dann den Streifen an der unteren langen Vorderteilkante von Eckpunkt zu Eckpunkt feststeppen. Nahtanfang und -ende wieder gut sichern. **1**

2 An allen Webstoffteilen die Schnittkanten mit breiten Zickzackstichen versäubern. Die Web-stoffteile auf die entsprechenden Einlageteile legen und ringsum anheften. Dann den Seiten-/Bodenstreifen – wie beim Futter beschrieben – an die Vorderseite nähen. **2**

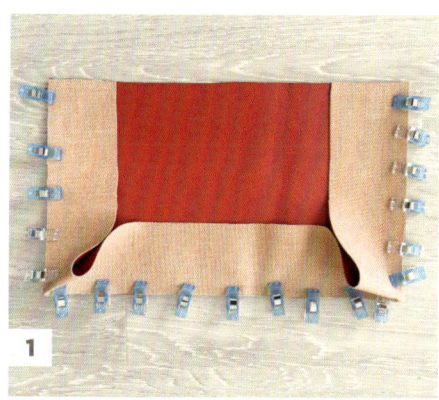

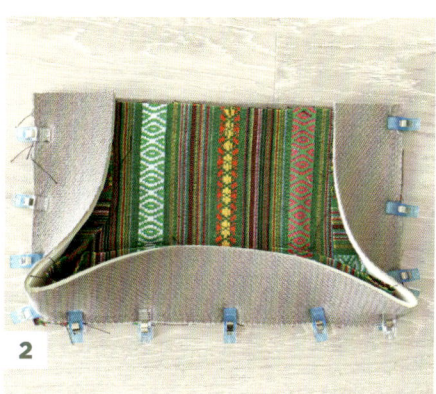

3 Für die D-Ring-Halterungen an den Streifen jeweils die langen Kanten 1 cm breit nach links einschlagen, dann den Streifen zur Hälfte falten und die Kanten fixieren. Die langen Kanten 3 mm breit zusammen- bzw. absteppen. Streifen zur Hälfte legen, einen D-Ring bis zur Bruchkante einschieben und die offenen Kanten heften. **3**

4 Die Taschenvorderteile rechts auf rechts ineinanderlegen und die oberen Kanten zusammenstecken. An den oberen Kanten der Seiten-/Bodenstreifen mittig je eine D-Ring-Halterung zwischen die Lagen schieben – die offenen Kanten liegen deckungsgleich mit den oberen Kanten der Vorderteile – und feststecken. Obere Kanten zusammensteppen. **4**

5 Vorderteile auf rechts wenden. Die obere Kante knappkantig – am besten mit einem Schmalkantfuß – absteppen.

6 Das Kunstleder-Rechteck mit der linken Seite auf das entsprechende Einlage-Rechteck legen. Das fertige Vorderteil links auf rechts so auf das Kunstleder-Rechteck legen, dass die Seiten und der untere Rand deckungsgleich liegen. Seiten und unteren Rand feststecken und annähen, dabei wiederum zuerst die Seiten bis zum Eckpunkt, dann den unteren Rand von Eckpunkt zu Eckpunkt annähen. **6**

7 Nun das Webstoff-Rechteck rechts auf rechts auf das gesamte Taschenteil legen und feststecken. Rundum steppen, dabei an der oberen Kante 15 cm zum Wenden offen lassen. **7**

8 Tasche wenden. Nahtzugaben an der Wendeöffnung nach links einschlagen, die Kanten deckungsgleich legen und die gesamte obere Kante knappkantig absteppen.

9 Futter in die Tasche stülpen. Die Ecken schön ausformen.

10 Laut Schnittmarkierung an der oberen Kante die Öffnung für das Drehverschlussoberteil anzeichnen und mit einer spitzen Schere ausschneiden. Verschluss-Oberteile von oben nach unten einstecken und festklippen. **10**

11 Auf der Taschenvorderseite die Positionen für das Drehverschlussunterteil individuell markieren. Dafür die Tasche mit etwas Material füllen und so die Größe des Taschenvolumens bestimmen. Klappe auf die Vorderseite umlegen, mittig ausrichten und die Position des Drehverschlussoberteils übertragen. Tasche wieder leeren, die Öffnung an Außenseite und Futter einschneiden und das Drehverschlussunterteil anbringen. **11**

12 Taschenkette in die D-Ringe einklinken.

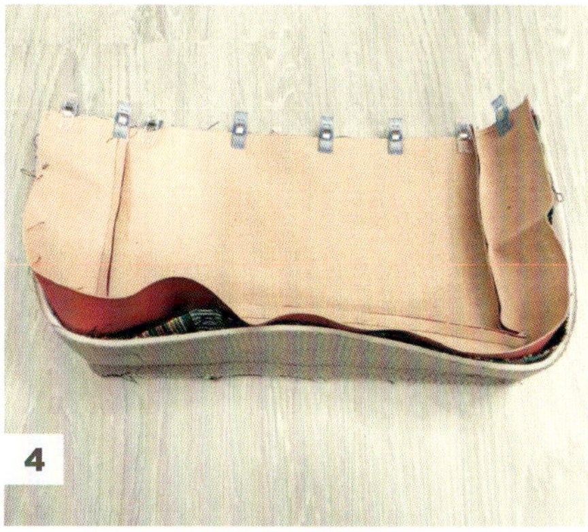

UNVERZICHTBAR FÜR JEDEN URLAUB: DER KULTURBEUTEL! DAMIT NICHT ALLES GLEICH NACH DER ERSTEN BENUTZUNG VON ZAHNBÜRSTE UND WASCHRAUM DURCHFEUCHTET IST, WIRD ER AUS OILCLOTH UND BESCHICHTETER BAUMWOLLE GENÄHT!

KULTURBEUTEL

Größe: 33 x 24,5 x 7 cm • Vorlage 8 auf Bogen B • **Schwierigkeitsgrad:** 🔒

MATERIAL

- Gewachster Baumwollstoff in Rot, 65 x 20 cm
- Gewachster Baumwollstoff in Blau, 65 x 20 cm
- Beschichteter Baumwollstoff in Weiß mit maritimen Motiven, 85 x 35 cm
- Anorak-Kordel in Weiß, 5 mm Ø, 60 cm
- Kunststoff-Reißverschluss in Dunkelblau, 35 cm lang

ZUSCHNEIDEN

In den Zuschnittmaßen ist eine Nahtzugabe von 1 cm enthalten.

Gewachster Baumwollstoff in Rot:
- Vorder- & Rückteil **8**: 1x, dann laut Schnittmarkierung durchschneiden.

Gewachster Baumwollstoff in Dunkelblau:
- Vorder- & Rückteil **8**: 1x, dann laut Schnittmarkierung durchschneiden.

Beschichteter Baumwollstoff in Weiß mit maritimen Motiven:
- Futter: 2x 35 x 30 cm
- Paspelstreifen: 2x 5 x 30 cm

SO WIRD'S GEMACHT

1 Schnurpaspeln: Einen Paspelstreifen an den langen Kanten links auf links zur Hälfte legen und 30 cm Kordel bis dicht an die Bruchkante zwischen die Lagen schieben. Den Streifen, so dicht wie möglich, neben der Kordel zusammensteppen, dabei am besten mit dem Reißverschluss-Fuß arbeiten. Paspel auf 2 cm Breite trimmen. **1**

2 Vorderseite der Außentasche: Eine Paspel mit den offenen Längskanten rechts auf rechts an eine lange Kante eines dunkelblauen Rechtecks legen, so dass die Paspelnaht direkt auf der Nahtlinie liegt. Die Paspel in der Paspelnaht feststeppen. Ein rotes Rechteck kantenbündig rechts auf rechts auf das Stoffstück mit Paspel legen und feststecken. Die Lagen wenden, sodass die Paspelnaht sichtbar wird, und erneut in der Paspelnaht durchsteppen. Rückseite der Außentasche ebenso nähen. **2**

3 Den Reißverschluss rechts auf rechts an die obere Kante der Vorderseite legen und fußbreit feststeppen. Rückseite genauso an die zweite Seite des Reißverschlusses nähen. Tipp: Ist man mit dem Nähfuß auf Höhe des Schiebers angelangt, die Nadel im Stoff versenken, den Nähfuß anheben, den Stoff um 90° nach links drehen, dann lässt sich der Schieber ganz einfach ein Stück weiterziehen. Den Stoff dann wieder zurückdrehen und weiternähen. **3**

4 Für das Taschenfutter die Baumwoll-Rechtecke jeweils mit der rechten Seite an die untere Seite des Reißverschlusses stecken und genau in der Naht des Außenstoffs feststeppen. **4**

5 Das gesamte Taschenteil so auffalten, dass auf einer Seite die Futterteile und auf der anderen Seite die Außenseitenteile deckungsgleich liegen. Darauf achten, dass die Paspeln an der kurzen Außenseitenkante exakt aufeinandertreffen. Den Reißverschluss auf die Seite des Futters drücken und halb öffnen. Die Teile rundum zusammennähen, dabei im Futter eine ca. 10 cm große Wendeöffnung lassen. **5**

6 Bei der Außentasche für die Bodentiefe zunächst an einer Ecke die Naht der kurzen Kante rechts auf rechts auf die Seitennaht legen, sodass sich eine Spitze bildet. Ein 7 cm breites Dreieck quer auf die Spitze zeichnen (die 3,5 cm Marke liegt an der Naht) und absteppen. Die Spitze bis 1 cm vor die Naht abschneiden. Die 2. Ecke genauso abnähen. **6**

7 An der Futtertasche die Ecken genauso abnähen. **7**

8 Tasche wenden. Nahtzugaben an der Wendeöffnung nach links einschlagen, die Kanten deckungsgleich legen und knappkantig zusammensteppen. **8**

9 Futter in die Tasche stülpen. Die Ecken schön ausformen. Reißverschlussnähte von rechts knappkantig absteppen, dabei darauf achten, dass das Futter auf der Innenseite glatt liegt.

1

5

7

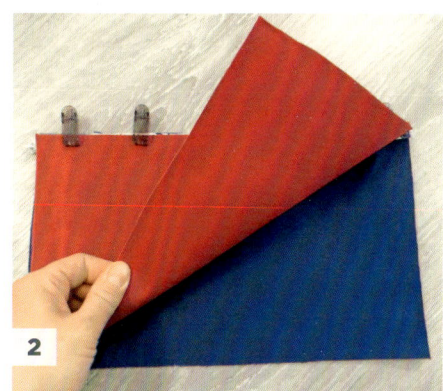

2

6

8

3

4

MIT DIESER KUPFERTASCHE IST DER GROSSE AUFTRITT AM ABEND GARANTIERT. DIE PASSENDEN HENKEL UND DER SCHULTERGURT WERDEN SELBST GENÄHT, SODASS ALLES WIE AUS EINEM GUSS IST UND PERFEKT SITZT!

HANDTASCHE

Größe: 33 x 28 x 13 cm • Vorlagen 3 auf Bogen A und 8 auf Bogen B • **Schwierigkeitsgrad:** 🔒🔒🔒

MATERIAL

- Kunstleder in Kupfer, 140 x 70 cm
- Baumwollstoff in Taupe mit Zweigen in Natur, 110 x 60 cm
- Nylon-Reißverschluss-Meterware in Braun mit kupfer-metallisierten Zähnchen, 40 cm
- passender Reißverschluss-Schieber
- O-Ring mit Steg, kupferfarben, 2,5 cm breit, 2 Stück
- Kordel in Natur, 1,5 cm Ø, 120 cm
- optional eine aufbügelbare Stern-Applikation mit Pailletten

ZUSCHNEIDEN

In den Zuschnittmaßen und den Vorlagen ist eine Nahtzugabe von 1 cm enthalten.

Kunstleder in Kupfer:
- Vorder- & Rückteil **8**: 2x
- Seiten-/Bodenstreifen: 1x 95 x 15 cm
- Reißverschluss-Belege: 2x 31,5 x 8 cm
- Reißverschlussende-Einfassung: 1x 7,5 x 4 cm
- O-Ring-Halterung: 2x 12 x 7 cm
- Griff **3**: 4x
- Schultergurt: 110 x 8,5 cm

Baumwollstoff in Taupe mit Zweigen in Natur:
- Vorder- & Rückteil **8**: 2x
- Seiten-/Bodenstreifen: 1x 95 x 15 cm
- Reißverschluss-Belege: 2x 31,5 x 8 cm

SO WIRD'S GEMACHT

1 Die Baumwollstoff-Vorder- & Rückteile rechts auf rechts auf die Kunstleder-Vorder- & Rückteile legen. Die Teile jeweils an den kurzen Seiten und einer langen Seite zusammennähen. Nahtzugaben an den Ecken abschrägen, Teile wenden, Ecken und Kanten schön ausformen. **1**

2 Für die O-Ring-Halterungen an den Streifen die langen Kanten je 1 cm breit nach links einschlagen, dann den Streifen zur Hälfte falten und die Kanten fixieren. Die langen Kanten 3 mm breit zusammen- bzw. absteppen. Streifen zur Hälfte legen, einen O-Ring bis zur Bruchkante einschieben und die offenen Kanten heften. **2**

3 Den Baumwollstoff-Seiten-/Bodenstreifen rechts auf rechts auf den Kunstleder-Seiten-/Boden- streifen legen, an den kurzen Kanten mittig je eine O-Ring-Halterung zwischen die Lagen schieben – die offenen Kanten der Laschen liegen deckungsgleich mit den kurzen Kanten der Seiten-/Bodenstreifen – und feststecken. Streifen rundum zusammensteppen, dabei an einer langen Kante in der Mitte 12 cm zum Wenden offen lassen. Nahtzugaben an den Ecken abschrägen, Streifen wenden, Ecken und Kanten schön ausformen. **3**

4 Nahtzugaben an der Wendeöffnung nach links einschlagen, die Kanten deckungsgleich legen und knappkantig zusammensteppen. **4**

5 Den Schieber auf den Reißverschluss ziehen. Dafür den Reißverschluss zuerst an einer Seite ca. 5 cm weit öffnen. Am Anfang einer geöffneten Bandhälfte die Reißverschlusszähnchen (nicht das Band!) ca. 1 cm weit abschneiden. Beide Reißverschluss- hälften mit den Bandenden so aneinanderhalten, dass der Stoff zu beiden Seiten auf gleicher Höhe beginnt. Den Schieber mit der breiten Seite zuerst so weit auf das vollständige Band schieben, bis die Zähnchen der abgeschnittenen Bandseite ungefähr bündig mit der breitesten Stelle des Schiebers liegen. Dann die Zäh- chen soweit es geht in den Schieber drücken, die Band- enden unterhalb des Schiebers festhalten und den Schieber weiter bis etwa zur Mitte auf den Reißver- schluss ziehen. Eventuell sind die beiden Zahnreihen nicht mehr gleich lang. Mit einer Schere auf eine Länge bringen. Den Reißverschluss auf 36 cm kürzen.

6 Reißverschluss-Teil: Zuerst einen Kunstleder- Beleg mit der rechten Seite auf der Reißver- schluss-Oberseite an ein Reißverschluss-Band stecken. (!) Das Reißverschlussende steht an einer kurzen Kante des Belegstreifens über. Den Reißverschlussanfang 3 cm weit, schräg zur Belegschnittkante hin, umlegen und feststecken. Reißverschluss fußbreit neben den Zähnchen festnähen, dabei die letzten 3 cm des Reißverschlusses nicht festnähen. Den zweiten Kunst- leder-Beleg genauso an das zweite Reißversschluss- Band nähen. **6**

7 Einen Baumwoll-Beleg mit der rechten Seite auf der Reißverschluss-Unterseite an ein Reiß- verschluss-Band stecken, sodass die Schnittkanten des Kunstleder- und des Baumwollstoff-Belegs deckungsgleich liegen. Baumwollstoff-Beleg in der Naht des Kunstleder-Belegs festnähen. Den zweiten Baumwollstoff-Beleg genauso an das zweite Reiß- verschluss-Band nähen. **7**

8

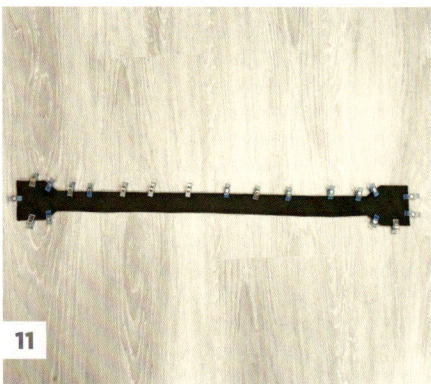

11

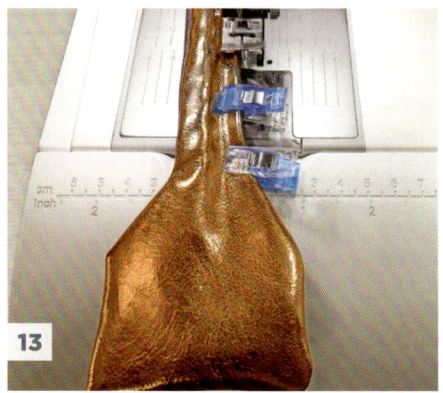

13

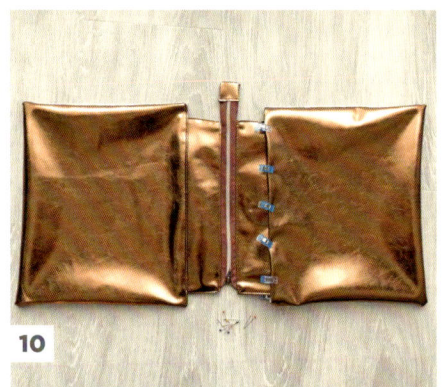

10

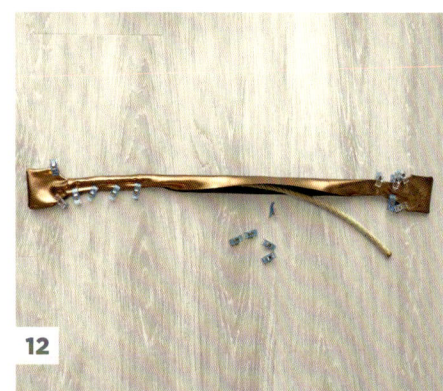

12

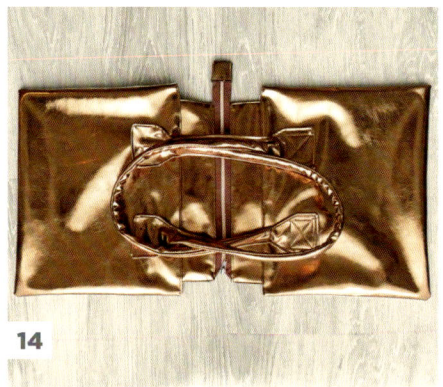

14

15

17

8 Nun die offenen kurzen Kanten der Belege, sowie die Kanten an den offen gelassenen Stücken am Reißverschlussanfang und -ende 1 cm breit nach innen einschlagen, stecken und knappkantig zusammensteppen. An den Reißverschlussnähten die Belegstreifen (Ober- und Unterseite) jeweils sauber vom Reißverschluss wegstreichen, mit Stoffklammern fixieren und die Naht von rechts knappkantig absteppen. **8**

9 Reißverschlussende einfassen. Dafür den Einfassstreifen an den kurzen Kanten rechts auf rechts zur Hälfte legen und die Seiten zusammennähen. Hülle wenden, das Reißverschlussende bis zur Bruchkante einschieben und die kurzen Hüllenkanten offen knappkantig absteppen.

10 Am Vorderteil und am Rückteil jeweils die offenen Kanten am oberen Rand von Außenstoff und Futter rundum 1 cm breit nach links einschlagen und die Umschläge knappkantig feststeppen. Vorderteil links auf links flach legen und das Reißverschluss-Teil mit einer offenen Seite 1 cm weit am oberen Rand zwischen Außenstoff und Futter schieben. Reißverschlussteil mittig ausrichten und feststecken, dabei darauf achten, dass die Bruchkanten der Außenseite und des Futters möglichst deckungsgleich liegen. Die Lagen in der bereits bestehenden Umschlagnaht knappkantig zusammensteppen.
Die andere Seite des Reißverschlussteils genauso am Rückteil einschieben und fixieren. Dabei darauf achten, dass beide Taschenseiten in einer Flucht liegen. **10**

11 Je zwei Taschengriffteile rechts auf rechts legen und rundum – bis auf die mittleren lange Kante einer Seite – rundum zusammennähen. **11**

12 Nahtzugaben an den Ecken abschrägen, Griff wenden und die Ecken ausformen. 60 cm Kordel einlegen, die Nahtzugaben der offenen Kante nach links einschlagen und die Kanten fixieren. **12**

13 Griffaußenkanten rundum knappkantig absteppen. **13**

14 Griffe laut Schnittmarkierung auf die Taschenteile legen und jeweils mit einem durchkreuzten Rechteck aufsteppen. **14**

15 Seiten-/Bodenstreifen links auf links an die Seiten und den unteren Rand Vorderseite stecken und füßchenbreit feststeppen. Darauf achten, dass die Kanten möglichst deckungleich bleiben! Tipp: Das Absteppen ist bei so vielen Stofflagen nicht ganz einfach, deshalb langsam nähen! Am besten mit einem Schmalkantfuß arbeiten. Falls dieser nicht gut gleitet, ein Stück Washitape auf die Fußunterseite kleben! **15**

16 Die Rückseite genauso an die zweite Kante des Seiten-/Bodenstreifens nähen.

17 Für den Sternanhänger die Applikation links auf links auf ein gleich großes Stück Kunstleder legen; für den Aufhänger ein Kunstlederstreifen von 0,5 x 20 cm zur Schlaufe legen und mit den offenen Kanten an einer Seite zwischen die Lagen schieben. Applikation festbügeln (Bügeltuch oder Backpapier auflegen!), dann das Kunstleder bis knapp an die Sternaußenkanten zurückschneiden. Anhänger an einem Griff befestigen. **17**

AUF GEHT'S IN DEN CLUB! DIE PATCHWORK-TASCHE MIT METALLICFARBENEN GOLDDREIECKEN GARANTIERT EINEN STRAHLENDEN AUFTRITT AM ABEND! DANK SCHULTERGURT IST DIE TASCHE AUCH FÜR EINEN FAHRRADAUSFLUG GEEIGNET.

DISKO-UMHÄNGETASCHE

Größe: 28 x 29,5 cm • Vorlage 8 auf Bogen B • **Schwierigkeitsgrad:** 🔒

MATERIAL

- Kunstleder in Goldfarben, 140 x 50 cm
- Kunstleder in Rosa, 110 x 35 cm
- Metall-D-Ringe, goldfarben, 3 cm breit, 2 Stück
- Nylon-Reißverschluss-Meterware in Weiß mit gold-metallisierten Zähnchen, 35 cm
- passender Reißverschluss-Schieber

ZUSCHNEIDEN

In den Zuschnittmaßen und der Vorlage ist eine Nahtzugabe von 1 cm enthalten.

Kunstleder in Goldfarben:
- Vorder- & Rückteil **8**: 1x
- D-Ring-Halterungen: 2x 6,5 x 6 cm
- Träger: 8 x 110 cm (Achtung! Der Träger ist nicht längenverstellbar – bei Bedarf länger zuschneiden.)
  Tipp: Eine Anleitung für einen längenverstellbaren Gurt finden Sie bei der Sporttasche Yankee.

Kunstleder in Rosa:
- Vorder- & Rückteil **8**: 1x
- Futter-Vorder- & Rückteil: 2x 27,5 x 33 cm
- Zipperband: 0,4 x 20 cm

> DIESES MODELL HAT KEINE INNENTASCHE. ANLEITUNGEN FÜR EINE AUFGESETZTE INNEN-TASCHE BZW. EINE REISSVERSCHLUSS-INNEN-TASCHE GIBT ES BEI LAPTOPTASCHE ALPHA ODER SPORTTASCHE YANKEE. DIE TASCHEN-MAßE GEGEBENENFALLS ANPASSEN.

SO WIRD'S GEMACHT

1 Für das Vorder- & Rückteil der Außentasche zunächst auf die linke Seite je eines goldfarbenen und eines rosafarbenen Kunstleder-Rechtecks die Teilungslinien laut Vorlage übertragen. Die Rechtecke an den Linien zerschneiden. Es entstehen vier goldfarbene und vier rosafarbene Dreiecke.

2 Je ein goldfarbenes und ein rosafarbenes Kunstleder-Dreieck an den schrägen Kanten zu einem Rechteck zusammenlegen. Pro Rechteck jeweils die Dreiecke an den schrägen Kanten rechts auf rechts aufeinanderlegen – dabei beachten, dass nicht die Spitzen deckungsgleich liegen, sondern die Eckpunkte der NAHTLINIE – und mit Stoffklammern fixieren. **2**

3 Dreiecke an den schrägen Kanten zusammennähen. **3**

4 Für die Vorderseite zwei der zusammengesetzten Rechtecke an einer langen Kante untereinander rechts auf rechts zusammennähen. Ebenso für die Rückseite.

5 Den Schieber auf den Reißverschluss ziehen. Dafür den Reißverschluss zuerst an einer Seite ca. 5 cm weit öffnen. Am Anfang einer geöffneten Bandhälfte die Reißverschlusszähnchen (nicht das Band!) ca. 1 cm weit abschneiden. Beide Reißverschlusshälften mit den Bandenden so aneinanderhalten, dass der Stoff zu beiden Seiten auf gleicher Höhe beginnt. Den Schieber mit der breiten Seite zuerst so weit auf das vollständige Band schieben, bis die Zähnchen der abgeschnittenen Bandseite ungefähr bündig mit der breitesten Stelle des Schiebers liegen. Dann die Zähnchen soweit es geht in den Schieber drücken, die Bandenden unterhalb des Schiebers festhalten und den Schieber weiter bis etwa zur Mitte auf den Reißverschluss ziehen. Eventuell sind die beiden Zahnreihen nicht mehr gleich lang. Mit einer Schere auf eine Länge bringen. Den Reißverschluss auf 30 cm kürzen.

6 Reißverschluss rechts auf rechts an die obere Kante der Vorderseite legen und knappkantig feststeppen. Die Rückseite genauso an die zweite Seite des Reißverschlusses nähen. Tipp: Ist man mit dem Nähfuß auf Höhe des Schiebers angelangt, die Nadel im Stoff versenken, den Nähfuß anheben, den Stoff um 90° nach links drehen, dann lässt sich der Schieber ganz einfach ein Stück weiterziehen. Den Stoff dann wieder zurückdrehen und weiternähen. **6**

7 So sieht die Außentasche mit Reißverschluss aus. **7**

2

3

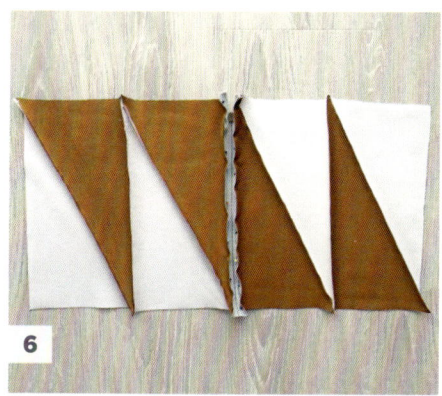

6

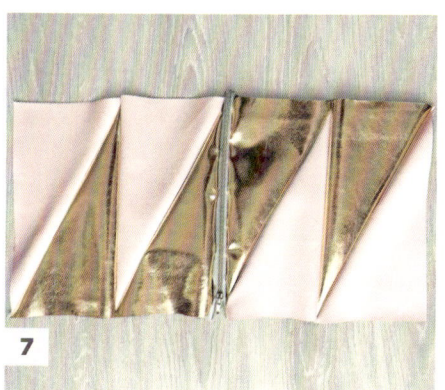

7

8 Für das Taschenfutter die rosafarbenen Rechtecke mit der rechten Seite an die untere Seite des Reißverschlusses stecken und exakt in der Naht des Außenteils feststeppen. **8**

9 Reißverschlussnaht auf der Außenseite knappkantig – am besten mit einem Schmalkantfuß – absteppen, dabei das Futter sauber vom Reißverschluss wegstreichen und mitfassen. Falls der Nähfuß nicht gut gleitet, ein Stück Washi Tape (oder Malerkreppband) auf die Gleitsohle kleben. **9**

10 Für die D-Ring-Halterungen an den Streifen die langen Kanten je 1 cm breit nach links einschlagen, dann den Streifen zur Hälfte falten und die Kanten fixieren. **10**

11 Die langen Kanten knappkantig zusammen- bzw. absteppen. Streifen zur Hälfte legen, einen D-Ring bis zur Bruchkante einschieben und die offenen Kanten heften. **11**

12 Das Taschenteil so auffalten, dass auf einer Seite die Außenteile und auf der anderen Seite die Futterteile rechts auf rechts deckungsgleich aufeinanderliegen. Den Reißverschluss auf die Seite des Futters drücken und halb öffnen. Die fertigen D-Ring-Halterungen an den Seiten im Abstand von 1 cm zum Reißverschluss so zwischen die Außenteile schieben, dass die offenen Kanten der D-Ring-Halterungen 0,5 cm über die seitlichen Kanten hinausragen. Die Außenkanten rundum zusammennähen, dabei im Futter eine ca. 20 cm große Wendeöffnung lassen. **12**

13 Tasche wenden. Nahtzugaben an der Wendeöffnung nach links einschlagen, die Kanten deckungsgleich legen und knappkantig zusammensteppen. **13**

14 Futter in die Tasche stülpen. Die Ecken schön ausformen.

15 Am Trägerstreifen jeweils die kurzen Kanten rechts auf rechts zur Hälfte legen und zusammennähen. Kanten auf rechts wenden und die Ecken ausformen. Die langen Kanten je 1 cm breit nach links einschlagen, dann den Streifen zur Hälfte falten und die Kanten fixieren. Streifen rundum knappkantig – am besten mit einem Schmalkantfuß – absteppen. **15**

16 Trägerenden jeweils in die D-Ringe einlegen, 3 cm breit umschlagen und mit einem kleinen Rechteck feststeppen. Das Zipperband an den Reißverschlussschieber knoten. **16**

Yankee

ECHT WETTERTAUGLICH: DIESE TASCHE WIRD AUS SOFTSHELL-STOFF GENÄHT, DER EIGENTLICH FÜR REGENMÄNTEL VERWENDET WIRD! PRAKTISCH VERSCHLIESSBAR MIT DICKEM REISSVERSCHLUSS IST DIESES STÜCK EIN ROBUSTES ALLROUNDTALENT!

SPORTTASCHE

Größe: 33 x 28 x 8 cm • **Vorlage 8 auf Bogen B** • **Schwierigkeitsgrad:** 🔒🔒🔒

MATERIAL

- Softshell in Türkis mit silber-reflektierenden Schwalben, 140 x 60 cm
- Kunstleder in Hellblau, 145 x 60 cm
- Nylon-Reißverschluss-Meterware in Türkis mit silber-metallisierten Zähnchen, 75 cm
- passende Reißverschluss-Schieber, 2 Stück
- Metall-D-Ringe, silberfarben, 3 cm breit, 2 Stück
- Metall-Leiterschnalle, silberfarben, 3 cm breit, 1 Stück
- Kordel, 5–7 mm Ø, 245 cm

ZUSCHNEIDEN

In den Zuschnittmaßen und der Vorlage ist eine Nahtzugabe von 1 cm enthalten.

Softshell in Türkis mit silber-reflektierenden Schwalben:
- Vorder- & Rückteil **8**: 2x
- Deckel mit Reißverschluss: 2x 45 x 12 cm
- Seiten-/Bodenstreifen: 2x 41 x 10 cm
- Träger: 1x 140 x 5 cm

Kunstleder in Hellblau:
- Vorder- & Rückteil **8**: 3x
- Deckel mit Reißverschluss: 2x 45 x 12 cm
- Seiten-/Bodenstreifen: 2x 41 x 10 cm
- Paspelstreifen: 2x 121 x 5 cm

SO WIRD'S GEMACHT

1 Reißverschlüsse vorbereiten: Den Schieber auf den Reißverschluss ziehen. Dafür den Reißverschluss zuerst an einer Seite ca. 5 cm weit öffnen. Am Anfang einer geöffneten Bandhälfte die Reißverschlusszähnchen (nicht das Band!) ca. 1 cm weit abschneiden. Beide Reißverschlusshälften mit den Bandenden so aneinanderhalten, dass der Stoff zu beiden Seiten auf gleicher Höhe beginnt. Den Schieber mit der breiten Seite zuerst so weit auf das vollständige Band schieben, bis die Zähnchen der abgeschnittenen Bandseite ungefähr bündig mit der breitesten Stelle des Schiebers liegen. Dann die Zähnchen soweit es geht in den Schieber drücken, die Bandenden unterhalb des Schiebers festhalten und den Schieber weiter bis etwa zur Mitte auf den Reißverschluss ziehen. Eventuell sind die beiden Zahnreihen nicht mehr gleich lang. Mit einer Schere auf eine Länge bringen. Den Reißverschluss bei 32 cm abschneiden. In gleicher Weise noch einen 25 cm langen Reißverschluss vorbereiten. **1** Das restliche Reißverschlussband für die D-Ring-Halterungen in 2 Stücke à 8 cm Länge schneiden.

2 Deckel mit Reißverschluss: Für die Reißverschluss-Öffnung auf die linke Seite des Softshell-Rechtecks in der Streifenlängsmitte eine 30 cm lange Linie zeichnen. Parallel dazu, ober- und unterhalb mit je 5 mm Abstand, zwei weitere Linien aufzeichnen und diese an den Enden zum Rechteck verbinden. An der Mittellinie beidseitig je 1 cm weit nach innen gehen und von dort schräge Linien in die Rechtecke-Ecken zeichnen. Das Kunstleder-Rechteck kantenbündig auf das Softshell-Rechteck legen und rundum festklammern. **2**

3 Die Außenlinie des Rechtecks absteppen. Mit einer Schere, Cutter oder Rollschneider die Mittellinie – bis vor die seitlichen Dreiecke – durch beide Stofflagen hindurch einschneiden. Die schrägen Linien bis knapp vor die Ecken einschneiden. **3**

4 Die Stoffklammern lösen und das Kunstleder-Rechteck durch den Ausschnitt links auf links wenden. Ober- und Unterstoff schön glatt streichen. Außenkanten deckungsgleich übereinanderlegen. Am besten ringsum mit Stoffklammern zusammenstecken, da sich der Softshell leicht verzieht. **4**

5 Den 32 cm langen Reißverschluss mittig ausgerichtet unter die Öffnung legen, stecken und knappkantig einnähen. (Ein dekorativer Nebeneffekt ergibt sich, falls sich das Kunstleder nicht komplett um die innere Naht legen lässt – dann blitzt es auf der Oberseite neben dem Reißverschluss wie eine kleine Paspel hervor.) **5**

6 Innentasche mit Reißverschluss: Wie beim Deckel mit Reißverschluss beschrieben, den 23 cm langen Reißverschluss bei zwei Kunstleder Vorder- & Rückteilen einnähen. Das Rechteck misst hier 23 x 1 cm und liegt mittig im Abstand von 5 cm zur oberen Kante. **6**

7 Für den Taschenbeutel der Innentasche nun den unteren Rand des unten liegenden Kunstlederteils rechts auf rechts zum oberen Rand hochfalten und feststecken. Die Lagen im Bereich des Taschenbeutels mit 0,5 cm breiter Nahtzugabe zusammensteppen. Die schmale Nahtzugabe ist hier wichtig, damit die Naht später nicht auf der Taschenaußenseite sichtbar ist. **7**

8 So sieht die eingenähte Innentasche mit Reißverschluss aus. Die Einstichlöcher der Stecknadeln lassen sich mit den Fingern wegstreichen. **8**

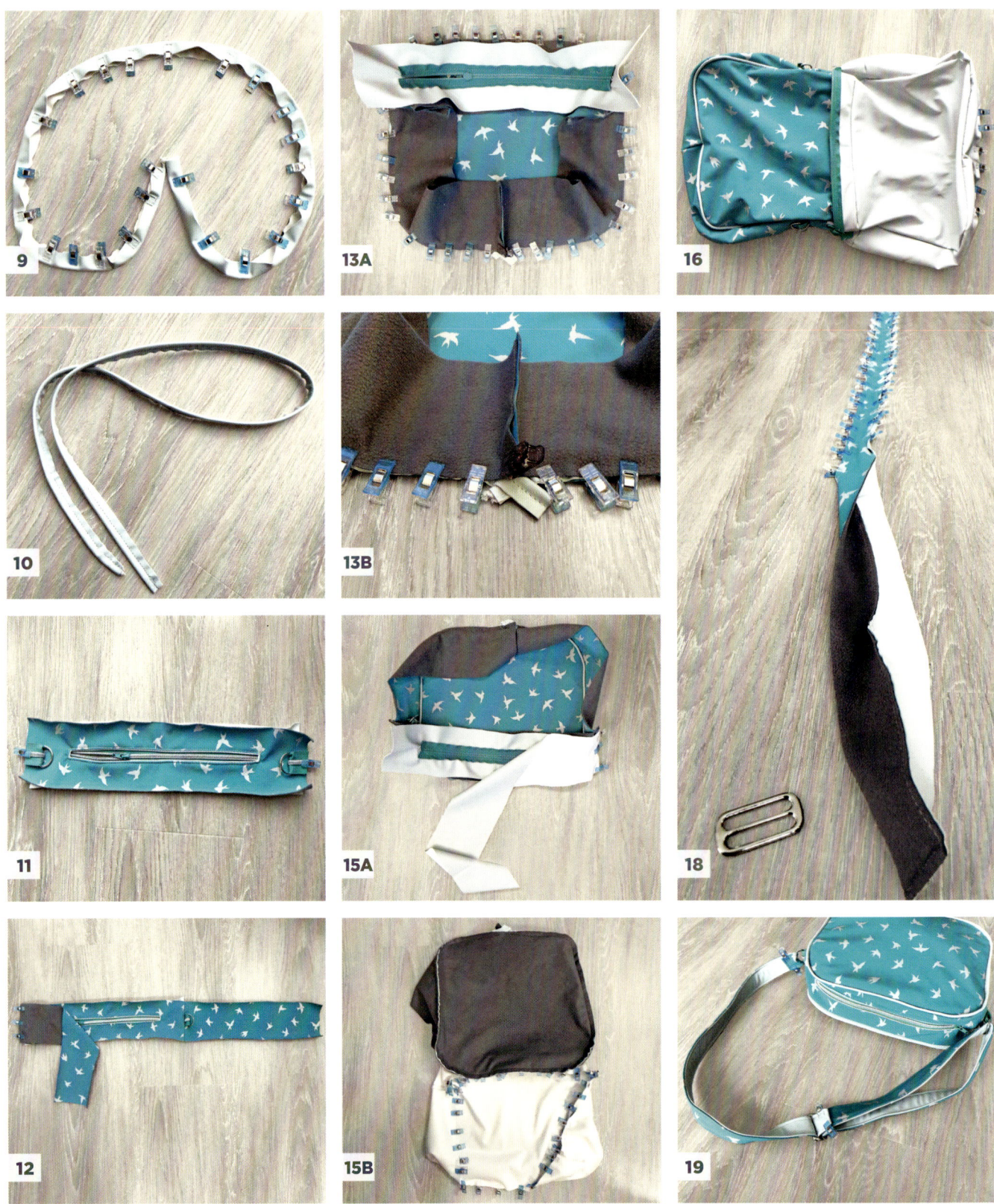

9

13A

16

10

13B

11

15A

18

12

15B

19

9 Schnurpaspeln: Einen Kunstlederstreifen an den langen Kanten links auf links zur Hälfte gelegt und 121 cm Kordel bis dicht an die Bruchkante zwischen die Lagen schieben. Den Streifen, so dicht wie möglich, neben der Kordel zusammensteppen, dabei am besten mit dem Reißverschluss-Fuß arbeiten. **9**

10 Paspeln auf eine Breite von 2 cm beschneiden. **10**

11 Für die D-Ring-Halterungen die kurzen Reißverschlussstücke zur Hälfte legen, einen D-Ring bis zur Bruchkante einschieben. Die Teile mittig an den kurzen Kanten auf das Deckelteil legen und NUR am Außenstoff feststecken und anheften. **11**

12 Für den gesamten Randstreifen die Außenstoff-Seiten-/Bodenstreifen jeweils mit einer kurzen Kante rechts auf rechts an die kurzen Kanten des Außenstoff-Deckelteils nähen. **12**

13 An einer Paspel die Mitte mit einer Stecknadel markieren. An einem Außenstoff-Vorder- & Rückteil die obere Mitte mit einer Stecknadel markieren. Die Paspel mit den offenen Längskanten rechts auf rechts an die Außenkanten des Vorder- & Rückteils legen, dabei mit der Paspelmitte an der oberen Mitte des Außenteils beginnen und von dort aus zu beiden Seiten rundum stecken; an der unteren Mitte des Außenteils die Paspelenden überkreuzen und über die Schnittkante stehen lassen. Die Paspel in der Paspelnaht anheften.
An einer langen Kante des Außenstoff-Deckelteils die Mitte mit einer Stecknadel markieren und den gesamten Außenstoff-Randstreifen, wie bei der Paspel beschrieben, über der Paspel an das Außenteil stecken. Die kurzen Kanten des Randstreifens an der unteren Mitte in passender Länge rechts auf rechts zusammenstecken (hier kann ggf. noch korrigiert werden, falls die Länge nicht exakt stimmt) und zusammennähen. Dann den gesamten Randstreifen annähen. **13A** + **13B**

14 In gleicher Weise die zweite Paspel und die zweite lange Kante des gesamten Randstreifens an das zweite Außenstoff-Vorder- & Rückteil nähen.

15 Den Futter-Seiten-/Bodenstreifen in gleicher Weise zusammennähen und zwischen die Futter-Vorder- & Rückseitenteile nähen, dabei an einer unteren Kante eine 15 cm lange Wendeöffnung lassen. **15A** + **15B**

16 Tasche wenden. Nahtzugaben an der Wendeöffnung nach links einschlagen, die Kanten deckungsgleich legen und knappkantig zusammensteppen. **16**

17 Futter in die Tasche stülpen.

18 Die Trägerstreifen rechts auf rechts legen und an einer langen sowie beiden kurzen Kanten zusammennähen. Streifen links auf links wenden. Die offenen Kanten 1 cm breit nach links einschlagen und festklammern. Außenkanten – am besten mit einem Schmalkantfuß – rundum mit großen Geradstichen 5 mm breit ab- bzw. zusammensteppen. **18**

19 Ein Trägerende über den mittleren Steg der Leiterschnalle fädeln, dann von außen nach innen durch einen D-Ring ziehen, auf der Unterseite der Leiterschnalle nochmals über den mittleren Steg führen – das geht leichter, wenn der Träger, der sich schon in der Leiterschnalle befindet etwas gelockert wird – dann das Trägerende 3 cm breit umfalten und an den unten liegenden Träger steppen. Das zweite Trägerende von außen nach innen durch den anderen D-Ring ziehen, 3 cm breit umlegen und feststeppen. **19**

IMPRESSUM

Autorin: Vanessa Schmitt

Fotos & Styling: Florian Bilger Fotodesign
Materialfotos: Theresa Bachler (S. 10/11)
Technische Zeichnungen: A. Reuß
Produktmanagement und Redaktion: Xenia Kuczera
Lektorat: A. Reuß
Covergestaltung: ZERO Werbeagentur GmbH
Layout: GrafikwerkFreiburg
Satz: GrafikwerkFreiburg
Reproduktion: RTK & SRS mediagroup GmbH
Druck und Verarbeitung:
Polygraf Print spol. s.r.o.
Čapajevova 44
08001 Prešov
Slowakei

© 2018 Christophorus Verlag GmbH & Co. KG

EIN BUCH DER CHRISTOPHORUS VERLAG GmbH & Co. KG
Römerstraße 90
D-79618 Rheinfelden
buchverlag@c-verlag.de

ISBN 978-3-8410-6498-1
Art.-Nr. 6498

1. Auflage 2018

BEZUGSQUELLEN

· Buttinette, www.buttinette.com
· Zweigart, www.zweigart.de
· Westfalen Stoffe, www.westfalenstoffe.de
· Lederversand Berlin, www.lederversand-berlin.de
· Frau Tulpe, www.frautulpe.de
· Pyrm, www.prym-consumer.de
· Halbach 24, www.halbach-seidenbaender.com
· FunFabric, www.funfabric.com
· Karlotta Pink, www.karlottapink.com
· Stoffe Hemmers, www.stoffe-hemmers.de
· Snaply, www.snaply.de
· Marabu, www.marabu.de

Alle Materialien sind im Hobbyfachhandel erhältlich.

DANK DER AUTORIN

Ich möchte mich bei allen Beteiligten dieses Buches ganz herzlich bedanken, mit deren Hilfe meine Taschenideen nun in die Welt hinausgetragen werden können!
Ganz besonders möchte ich mich bei Gabriela Reuß bedanken, die mit ihrem umfangreichen Fachwissen und ihrer freundlichen Art die Ausarbeitung dieses Buches zu einem echten Vergnügen gemacht hat. Danke!

Kreativ-Service

Sie haben Fragen zu den Büchern und Materialien? Frau Erika Noll ist für Sie da und berät Sie rund um alle Kreativthemen. Rufen Sie an! Wir interessieren uns auch für Ihre eigenen Ideen und Anregungen.
Sie erreichen Frau Noll per E-Mail: **mail@kreativ-service.info** oder Tel.: **+49 (0) 5052 / 91 18 58**

Besuchen Sie uns im Internet: www.christophorus-verlag.de

GESTALTE DEINE WELT!

CraSy Mosaik
€ [D] 16,99 / € [A] 17,50*
ISBN 978-3-8410-6459-2

Seelenwärmer, Shrugs & Co.
€ [D] 9,99 / € [A] 10,30*
ISBN 978-3-8410-6377-9

Rucksäcke nähen
€ [D] 14,99 / € [A] 15,50*
ISBN 978-3-8410-6451-6

Fantastische Tropen
€ [D] 12,99 / € [A] 13,40*
ISBN 978-3-86230-323-6

Fantastische Natur
€ [D] 12,99 / € [A] 13,40*
ISBN 978-3-86230-362-5

Wecke deine Kreativität!
€ [D] 19,99 / € [A] 20,60*
ISBN 978-3-86230-398-4

Das Kindergarten-Bastelbuch
€ [D] 14,99 / € [A] 15,50*
ISBN 978-3-8388-3615-7

Raffinierte Papierideen
€ [D] 9,99 / € [A] 10,30*
ISBN 978-3-8388-3608-9

Just Bead It!
€ [D] 9,99 / € [A] 10,30*
ISBN 978-3-8388-3666-9